CHEMEN LAVERITE LAVI

Apostola tankou yon cheminman lagras

David A. Busic

Éditions Foi et Sainteté

Dwadotè © 2021
The Foundry Publishing
PO Box 419527
Kansas City, MO 64141 (USA)

Li te pibliye orijinalman an anglè sou tit
> *Way, truth, life*
> Yon liv David A. Buisc
> The Foundry Publishing pibliye

Edisyon sa a pibliye nan aranjman
Ak The Foundry Publishing
Éditions Foi et Sainteté (Lenexa, KS USA)
Tout dwa rezève

ISBN 978-1-53344-032-8

Okenn pati nan piblikasyon sa a pa ka repwodwi, estoke nan yon sistèm pou rekipere, oswa transmèt nan nenpòt ki fòm oswa mwayen san pèmisyon ekri anvan nan men moun k ap pibliye a, pa egzanp nimerizasyon, fotokopi ak anrejistreman. Sèl eksepsyon an se sitasyon ki tou kout nan analiz ki enprime.

Konsepsyon kouvèti an : Matt Johnson
Konsepsyon anndan an : Sharon Page
Tradiksyon : Christian Lingua Translation Agency
www.christianlingua.com

Tout sitasyon Pawòl Bondye yo, sof si yo endika sa, soti nan Vèsyon Kreyòl Fasil dwadotè © 2017 Lig Biblik Entènasyonal (Bible League International). Itilize ak pèmisyon.

Sitasyon Pawòl Bondye yo endika (BL) soti nan *Bib la* dwadotè © 1992 Société biblique haïtienne. Itilize ak pèmisyon.

Adrès entènèt yo nan liv sa a te egzat nan moman piblikasyon an men yo gendwa pa disponib nan tout lang yo. Yo bay lyen sa yo kòm resous. Moun k ap pibliye a pa t sipòte yo oubyen garanti kontni yo oswa pèmanans yo.

Nan memwa Robert E. Busic, yon papa ki te aprann mwen disiplin se yon chemmman ki plen ak lagras epi destine nou se pou nou sanble ak Kris

•

Seyè, moutre m jan ou vle m viv la. M'a toujou obeyi ou nan tout sikonstans. Moutre m' jan pou m' sèvi ou avèk krentif.

— Sòm 86.11 (BL)

KONTNI YO

Remèsiman 5
Entwodiksyon 7
   1. Lagras ki enfini an 15
Chemen an
   2. Lagras ki chèche a 29
Verite a
   3. Lagras ki sove a 44
Lavi a
   4. Lagras ki sanktifye a 65
   5. Lagras ki bay soutyen an 95
   6. Lagras ki sifi an 128
Konclizyon: Jezikris se Seyè 145

REMÈSIMAN

Remèsiman ka soti nan rekonèt moun ki te fè yon bagay posib, rive nan dèt gratitid ki pa ka ranbouse. Kidonk, se kounyea.

Lè mwen te eli pou sèvi antanke yon sipèrentandan jeneral pou Legliz nazareyen an, mwen te konnen kòlèg ki nan Konsèy jeneral sipèrentandan yo t'ap gen enpak sou lavi mwen, men degre enfliyans yo te inestimab. Byenke toujou gen diferans opinyon nan anpil konvèsasyon sou lidèchip nou yo, sa ki rete fèm, se angajman yo pou fè sa ki pi bon pou legliz la nan fason ki fidèl epi nan lapriyè — menm lè sa koute anpil — ak verite absoli mwen nan fòs karaktè ak pite ki nan kè yo. Mèsi Filimao Chambo, Gustavo Crocker, Eugenio Duarte, David Graves, Jerry Porter, Carla Sunberg ak J. K. Warrick. Enfliyans nou te enspire mwen ekri liv sa nan sèvis pou legliz la pou ede nou akonpli misyon nou «pou fè disip menm jan ak Kris nan nasyon yo.»

Mèsi Scott Rainey, direktè ministè apostola mondyal pou Legliz nazareyen, pou envitasyon pou ekri yon senp liv ki mete aksan sou sentete apostola antanke yon cheminman lagras. Mèsi Bonnie Perry, direktè editoryal The Foundry Publishing, pou konviksyon inebranlab ke bon teyoloji ki ekri epi transmèt bay pitit nou se yon travay ki enpòtan ase pou envesti pi bon pati nan lavi li. Mèsi Audra Spiven pou edisyon ak yon zye pou klarifye epi ki toujou poze kesyon,

« E si ou te di li nan fason sa. » Finalman, mèsi pou prezans ki pa anpil men pou amou ekstravagan kongregasyon nazareyen jèn mwen an, ki te anseye mwen ke sentete se pa sèlman sa Bondye te fè pou nou nan Kris, men tou, sa Bondye ap fè san rete nan nou nan ak atravè nou Kris ak lè nou renonse ak tèt nou epi kite Jezi vin Seyè a.

Nòt otè a

Jan stil mwen te ye nan ekriti anvan yo, mwen ankouraje lektè a konsilte nòt abondan anba paj yo pou konprann pi plis konsènan apostola ak cheminman lagras la. Nòt abondan ki reflete dèt mwen pa rapò ak rezònman lòt moun ak dezi mwen pou ofri opinyon siplemantè ki ta ka yon chaj pou kò prensipal tèks la. Pa sousi pou gen aksè, nou ofri sitasyon konplè yo chak fwa yon nouvo chapit kòmanse, menm si otè oswa resous la te rekonèt anvan.

ENTWODIKSYON

Jezi envite nou nan yon vwayaj. «Vini, swiv mwen.» Se yon envitasyon senp pou ale nan yon avanti avèk yon bon zanmi. Lavi kretyen plis pase yon bon kwayans. Li plis pase yon konsantman entèlektyèl. Li se yon envitasyon pou yon vwayaj ak Jezi.

Yon lòt mo pou vwayaj ak Jezi an se apostola. Apostola se swiv jan Jezi ye pandan ou ap vwayaje ak Jezi. Chemen an gen anpil zigzag, koub, ak viraj ou pa t espere nan wout la. Pafwa chemen an konn parèt fasil, epi lòt fwa li parèt tankou yon pant ki difisil. Poutan, objektif final lan (nan lang grèk, telos) pou apostola a toujou menm jan: pou ou tankou Kris.

Si sa parèt enposib, ou aktyèlman nan trè bon plas la pou kòmanse. Anreyalite, li t ap enposib si se pa pou yon sètitid enpòtan: n ap fè vwayaj la ak Jezi. Se sa k fè se yon cheminman lagras Bondye.

Lè Jezi te di: «Se mwen menm ki chemen an. Se mwen menm ki verite a, se mwen menm ki lavi a. Pesonn pa ka al jwenn Papa a si li pa pase nan mwen » (Jan 14.6 BL), li t ap pale osijè plis pase yon ekwasyon entèlektyèl sekansyèl oswa yon akò tranzaksyonèl nou fè ak Bondye. Li te dekri fason relasyon apostola a pral ye. Vreman vre, Chemen, Laverite, ak Lavi a pa yon panse filozofik oswa prensip lavi. Chemen, Laverite, ak Lavi a se yon moun.

Jezi te lonje dwèt sou vrè *telos* (objektif) vwayaj la: lavi reyèl jan Bondye vle an, e nan ki mwayen nou rive nan objektif la se chemen an, e laverite an, ki akonpli nan Bondye e atravè Bondye li menm[1]. Cheminman lagras lan se yon relasyon jouk nan fon.

James Smith dekri apostola a tankou yon « sòt imigrasyon, soti nan wayòm tenèb la pou rantre nan wayòm Pitit Bondye renmen anpil la (Kolòs 1.13) »[2] Sa se langaj yon vwayaj — deplase soti nan yon peyi pou ale nan yon lòt.[3] Se chanje nasyonalite ak lwayote, sa ki totalman enposib san lagras Bondye nan Jezikris, ki se Chemen an. Smith kontinye pou l di: « Nan Kris nou resevwa yon paspò pou syèl la; nan kò li nou aprann viv tankou 'moun kay' nan wayòm li an. Yon imigrasyon konsa nan yon nouvo wayòm se pa sèlman yon kesyon telepòtasyon nan yon lòt wayòm; nou dwe adapte nou ak klima lòt vi a, aprann yon lòt lang, genyen lòt abitid — epi bliye abitid ki t ap domine anvan an. »[4]

Mwen vreman kwè lè Jezi te di: « Se mwen menm ki chemen an. Se mwen menm ki verite a, se mwen menm ki lavi a. Pesonn pa ka al jwenn Papa a si li pa pase nan mwen. » (Jan 14.6 BL), pwomès sa a garanti nou li menm pèsonèlman te fè rezèvasyon pou nou pou vwayaj la, ak tout aranjman pou lè nou rive. Li se paspò syèl la ki pèmèt nou vin moun kay nan yon nouvo peyi — nan wayòm li an. Sa k pi bon an, li pwomèt l ap akonpanye nou jouk lakay nou. Jezi pral Chemen nou pou nou al nan chemen an. Sa pral espwa nou pou yon cheminman lagras.

---

1. Richard John Neuhaus defini telos kòm « fen final ki bay siyifikasyon bagay k ap pale an.Neuhaus, » *Death on a friday afternoon* (New York: Basic Books, 2000), 127.
2. James K. A. Smith, *You are what you love* (Grand Rapids: Brazos Press, 2016), 66.
3. John Bunyan's Vwayaj pèleren an (1678) te yon vèsyon fiksyon anvan nan menm konsèp vwayaj sa a yon moun pran pou chanje peyi oswa wayòm yo.
4. Smith, 66.

Mwen se Chemen an, ak Laverite an, epi Lavi a

Lè Jezi te di: «Mwen se Chemen an, ak Laverite, epi Lavi a», li pa t ap sijere yon prensip abstrè sou lavi pou plake tankou yon plak sou mi an. Se te pito yon repons ak yon kesyon disip ki te pè yo ak ensèten yo te poze. Li soti nan yon seksyon nan levanjil Jan ekri a mesye ki etidye Labib yo rele l «dènye diskou a» (Jan chapit 14 pou al nan vèsè 17). Kat chapit sa yo nan liv Jan an, plis pase nenpòt nan twa lòt levanjil yo Nouvo Testaman an, ban nou yon apèsi sou sa Jezi t ap panse epi anseye disip li yo nan lè anvan pasyon ak lanmò li sou lakwa a. Kidonk, yo kapab byen dekri yo tankou dènye volonte ak testaman Jezikris[5]

Sonje, disip yo te tande yon bann vye nouvèl, yo te rasanble nan yon pyès kay yo te prete. Tout moun te gonfle kò yo nan yon ti espas, Jezi lave pye douz disip li yo, sa ki rann tout malalèz. Epi li kontinye pou l di anvan lontan youn nan yo pral trayi l (13.21). Pou agrave bagay la, apre anpil lane y ap vwayaje ansanm, Jezi di yo li pral ale epi yo pa p ka vin avè l (13.33).

Sa vreman deranjan! Jezi ka santi jan pawòl li lou sou lestomak yo. Se sa k fè l di: «Pa kite kè nou twouble» (14.1). Mo ki tradwi «twouble» a se menm mo sa ki itilize pou dekri dlo nan lanmè Galile an pandan yon tanpèt vyolan. Lè van an te soufle, dlo yo te move epi yo t ap bouyi. Disip yo te santi yo konsa. Vant yo t ap bouyi. Tèt yo t ap vire. Emosyon yo t ap monte. Jezi eseye kalme ajitasyon yo. «Pa kite kè nou twouble ... Mwen pral prepare yon plas pou nou. ... Mwen ap tounen ankò epi m ap mennen nou avè m, konsa kote m ye a se la nou va ye tou. Epitou nou konnen chemen kote m prale a» (Jan 14.1-4).

---

5. Frederick Dale Bruner fè referans ak Jan 14–16 kòm prèch apostola Jezi a, ak chapit 17 lan ki sèvi kòm yon priyè kloti epi, lè nou pran l ansanm, «teyoloji sistematik konpak Jezi an pou legliz misyonè an.» Bruner, *The Gospel of John* (Grand Rapids: Eerdmans, 2012), 78.

Epi Toma pran pale. Istwa rele li Toma nèg dout la, men mwen kontan li te la paske Toma te gen kouraj pou poze kesyon tout moun te vle yo reponn lan. Li tankou yon elèv ki nan klas ki kanpe pwofesè a nan mitan kou a pou l di l: « Eskize m. Se ka yon vye kesyon, men nou pa konprann anyen nan sa ou ap pale a la non. » Anreyalite se pa t yon vye kesyon. Mwen ka apresye jan Toma te gen lespri pou l te idantifye gwo zafè a nan sal la epi poze gwo kesyon ki nan lespri tout moun lan: « Seyè, nou pa konnen kote ou prale a. Kijan ou ta vle pou nou konnen chemen pou n' pran an? » (14.5).

Se konsa lavi a ye, pa vre? Gen moman n ap mande tèt nou kote n ap fè la, pafwa nou panse nou konn kote nou prale oswa nou espere nou konnen kote nou prale — men nou dwe admèt nou pèdi chemen nou nèt. Li konn sanble gen anpil kafou ak koub, anpil wout pou fè ak enpas. Sa nou swete plis pase tout lòt bagay nan kastèt lavi a, se yon kat. Men, anpil moun, lè yo pa jwenn kat sa a, deside ale nenpòt kote olye yo pa ale okenn kote, konsa yo pran yon direksyon epi yo foure tèt yo nan yon wout ki parèt fasil.

Byen kontan, Jezi reponn kesyon Toma a (ak pa nou an) « Se mwen menm ki chemen an, laverite a, ak lavi a. Pèsonn pa ka al jwenn Papa a si li pa pase nan mwen » (14.6). Sa enteresan pou wè jan ensistans reklamasyon Jezi a klè sou mo « chemen an. » Chemen an plase anvan. Sa pa vle di laverite a ak lavi a pa enpòtan. Li sèlman vle di laverite a ak lavi a esplike kòman ak poukisa Jezi se Chemen an.[6]

Li se Chemen an paske li se Laverite — revelasyon Bondye an. Li se Chemen an paske lavi Bondye disponib pou tout moun ki rete nan li ak li sèl. Li se alafwa wout lavi a ak lavi materyalizasyon lavi

---

6. Anpil moun konsidere Raymond Brown kòm pi gwo save jowanit jenerasyon l lan. Li kwè: « chemen an se premye prèch lan [nan deklarasyon Jezi an], e laverite an ak lavi an se senpman esplikasyon sou chemen an. » Brown, *The Gospel According to John XII–XXI, The Anchor Bible Commentary* (New York: Doubleday, 1970), 621. Si sa kòrèk, laverite ak lavi an se esplikasyon chemen an—oswa, si nou di l yon lòt jan, Jezi se Chemen an paske li se Laverite ak Lavi an. Touletwa pran chè nan Jezi pèsonèlman.

ak Bondye an. Sa ki pi enpòtan nan bon nouvèl levanjil Jan an se dèske nan Jezi — Pawòl ki tounen moun lan ak sèl grenn Pitit Gason Bondye a — nou ka wè epi konnen nan yon fason ki pa t janm posib anvan. Li se revelasyon otorize Bondye menm.[7] Nan yon lòt sans, Jezi se pa sèlman yon chemen, li se Chemen an — paske li se sèl manifestasyon vizib Bondye envizib nou konnen kòm Papa a (1.14, 18 ; 6.46 ; 8.19 ; 12.45).[8]

« Pèsonn pa ka al jwenn Papa a si li pa pase nan mwen » (14.6). Anpil nan nou ka santi kesyon Toma touche yo. « Kòman nou fè konn chemen an ? » (14.5) paske tout moun, kit ou konn pale byen ou non, ap chèche repons sou kesyon espirityèl yo. Sosyete kounya a pi louvri ak bagay espirityèl yo pase jan l te ye ane pase yo. Pwoblèm nan se dèske moun sa yo dispoze pou anpil bagay espirityèl diferan.

Moun nan Loksidan yo kounya soti nan yon mantalite k ap fè moun itilize tout bagay nèt. Sa lye ak bagay ki konsène politik trè resan dèske yo aksepte pliralis lan. Sa fè anpil moun konsidere yon wout espirityèl otan enpòtan epi konsekan menm jan ak yon lòt, toutotan bezwen pèsonèl yo satisfè, epi toutotan yo ret fidèl a pwòp tèt yo. Epi yo sipoze — kit yon moun chwazi boudis, endouyis, islam, syantoloji, jidayis krisyanis, oswa lòt relijyon — depi yo sensè epi satisfè ak chwa yo fè a, mwayen sa a bon tou menm jan ak lòt yo, paske tout wout mennen (jan mond lan wè l) kot menm Bondye a.

Youn nan anpil pwoblèm vizyon sa a konn bay se anpil fwa diferan kwayans sa yo youn demanti lòt epi yo retire tèt yo ansanm. Lè n ap gade krisyanis lan ak yan lòt relijyon yo aji, li se sèl kwayans ki deklare Jezi se sèl chemen vre ki mennen ou kot Bondye a. Moun pa ka kwè nan deklarasyon eskluzif Jezikris la, « pèsonn pa ka al kote Papa a si

---

7. Bruner, 811. Li raple nou « Revelasyon Jezi sou Bondye Papa a ban nou gwo lespwa Papa tou [menm jan ak Jez.] pral—epi, anfèt, li e li te toujou—trè, trè bon. »
8. Mwen tire enspirasyon nan fraz sa a apati yon nòt powetik anba paj lan nan *Wesley Study Bible*, Joel B. Green ak William H. Willimon, eds. (Nashville: Abingdon Press, 2009).

li pa pase nan mwen,» epi yo toujou kwè gen lòt mwayen pou rive kot Papa a. Anreyalite, sa t ap vle di ou meprize Kris la menm ki te pwononse pawòl sa yo. Jezi pa t di : « Mwen se youn nan chemen ki mennen ou kot Papa a.» Li pa t di : « Ou ka chwazi swiv mwen si ou vle, men gen lòt chwa ki bon tou.» Ni Jezi pa t di : « nenpòt wout espirityèl ou pran, l ap bon pou mwen, toutotan ou sensè.» Jezi pa t menm pase bò bagay konsa. Li di byen klè li se sèl chemen ki mennen ou kot Papa a.[9]

    Yon ti tan apre fanmi nou te bwote al nan yon lòt vil, madanm mwen avè m te gen yon randevou lòt bò vil la. Nou chak t ap kondui machin nou. Li te kondui yon minibis, epi mwen te kondi yon ti machin. Paske li te gen plis bon sans nan direksyon pase m, li t ap montre m chemen a. Sibitman nou te pran nan yon blokis rèd, epi m pèdi l. Mwen wè sa m te panse ki te minibis lan epi mwen te swiv li. Distans m te reyalize m t ap swiv move machin nan — epi kounya a mwen te byen lwen nan yon lòt wout — li te twò ta pou m al nan randevou a. M'annik kase tèt tounen epi antre lakay mwen. Leson moral istwa sa a senp : Ou ka sensè nan wout ou chwazi a epi an menm tan ou sensèman nan erè. Anreyalite, li mande plis pase senserite pou jwenn bon chemen an.[10] Ou bezwen verite a ! Yon moun ka ale rapid nan direksyon yo prale a, men si se move chemen an, nan vitès ou rive an pa enpòtan.

    Deklarasyon radikal Jezi a rantre tout moun ladan l paske tout moun envite pou swiv chemen an, men tou li radikalman mete tout moun deyò nan sans chak chemen yon moun pran pou jwenn verite

---

    9. Sa pa limite souvrènte Bondye pou li atenn moun ki afilye nan lòt relijyon ak tradisyon lafwa yo ki gendwa mouri san konnen oswa menm tande non Jezi. Bondye toujou lib pou fè sa Bondye chwazi fè nan souvrènte l. Mwen atann mwen totalman pou lagras li fè m sezi nan rekonsilyasyon tout bagay.

    10. Pèsonn pa pi sensè nan laverite yo pase moun ki touye tèt yo nan fè bonb eksploze yo. Toutfwa, senserite—kèlkeswa jan yon moun ka angaje ak pasyon ak verite yo an—pa ase si l pa anrasinen nan reyalite final lan.

a tonbe nan yon enpas — amwenske se sèl grenn chemen ki kondwi kot sèl vrè Bondye a.

Chak moun — chak grenn nan nou — koupab nan pran vye detou, sou pwen espirityèl. Kòm rezilta, nou al tonbe lwen Bondye. Pwofèt Ezayi ensiste pou l ekri: « Nou te tankou mouton ki te pèdi bann, chak moun bò pa yo. » (53.6). Apot Pòl rekonfime sa nan liv Ròm nan: « Tout moun fè peche; yo tout vire do bay Bondye ki gen pouvwa a. » (3.23). Poukisa? Paske nou tout te pran vye wout nan lavi a. Nou tout te chwazi swiv pwòp chemen nou pito nou swiv volonte Bondye ak chemen lavi nou.

Levanjil (bon nouvèl) la se Jezi te vini pou moun tankou nou. Yon lòt otè levanjil lan, Lik, di nou objektif misyon Jezi a se « chèche ak sove moun ki pèdi yo » (19.10). Olye li kite nou egare nan yon kafou, oswa pi mal nan yon wout ki pa bon menm, li te vini montre nou klè sèl chemen ki mennen kot Bondye a, nan nouvo peyi ki nan wayòm nan epi chemen ki mennen nan lavi ki pa p janm fini an.

Yon komantatè fè yon parafraz ak pawòl Jezi yo konsa: « Mwen menm, mwen se Chemen lòt bò a, epi mwen menm, mwen se Verite a k ap mennen nou sou chemen lòt bò a, epi mwen menm, mwen se Lavi ki pral ba nou pisans pou suiv Laverite an sou Chemen lòt bò an. »[11]

« Se Mwen[12] menm ki Chemen an » se pa yon pil direksyon, ni yon fèy wout, ni yon bann endis — se Mwen menm ki Chemen an. « Se Mwen menm ki Verite a » pa yon bann prensip ki òganize lavi oswa presipozisyon filozofik — se Mwen menm ki Verite a. « Se Mwen menm ki Lavi a » pa yon lòt fason pou viv ak yon panse ki pi pozitif

---

11. Bruner, 823.
12. Pwonon [ego, « mwen »] mete aksan, chanje aksan soti nan yon metòd pou al nan yon moun. Sa enpòtan pou remake e yo soulinye sa anpil fwa lè Jezi di « Mwen se » yo nan Jan, yo se yon referans ak pawòl Bondye ak Moyiz nan touf bwa ki t ap boule an: « Sa m ye a se sa m ye » (Egzòd 3.14 BL). « M ye » te vin popilè nan tout liv ebre yo antanke Yahweh.

— mwen se sèl vre lavi a, sèl grenn mwayen pou vin moun tout bon vre.

Deklarasyon Jezikris la fè nou konprann li pa sèlman yon chemen, yon verite ak yon vi, men li se vre epi sèl Pitit Gason Bondye a, se sou sa krisyanis la chita. Se pa mal n ap pale lòt sistèm lafwa yo; se sèlman pou di gen yon sèl chemen ki mennen kot Papa a, epi se nan Jezikris. Li se sèl mwayen ki ka fè nou sove. Menm jan Frederick Bruner te di : « Moun Oryan yo te toujou ap chèche « Chemen an » (*Tao* an), Loksidan ap chèche 'Verite an' (*Veritas*) epi tout mond lan (lès, lwès, nò ak sid) ap chèche 'Lavi (*vrè vi a*) an.' Jezi se, toulètwa nan kò yon moun. »[13]

Imajine ou nan yon vil ou pa konnen epi ou mande yon moun pou l endike ou yon kote ki mal pou jwenn. Moun ou mande pou ede ou a te ka di yon bagay konsa : « Ou mèt vire adwat nan lòt kafou a. Epi janbe plas la, pase devan legliz la, rete sou wout nan mitan an k ap mennen ou dirèk nan twazyèm wout adwat la, jiskaske ou rive nan yon estasyon ki gen kat vwa. » Menm ak esplikasyon klè konsa, depi chemen an konplike, li posib anpil pou vire nan yon lòt wout.

Ann sipoze moun ou te mande pou ede w la di w : « Ou konnen, pa gen chemen ki fasil ki pou mennen w la. Li konplike si w pa t janm al la. Annik swiv mwen. Sa a pi bon toujou, swiv. Vin avè m, epi m pral mennen w kote a. » Moun sa a tounen non sèlman yon gid, men tou li tounen esansyèlman chemen an, epi ou pa p ka rate rive kote ou dwe ale a. Se sa Jezi fè pou nou. Li mache ak nou sou yon cheminman lagras. Se vre, li pa pale nou apwopo chemen an—li tounen Chemen an !

Yon teyolojyen anglè ak misyolèg ki rele Lesslie Newbigin ki gen gwo renome t ap pale ak fòs sa l panse : « Se pa anseye li [Jezi] anseye chemen an, oswa gide nou nan chemen an : Si se te sa, nou t ap di l

---

13. Bruner, 812.

mèsi pou ansèyman li an epi apre sa nou t ap swiv li ak fòs nou. Li se chemen an menm ... Swiv chemen sa a se, anreyalite, sèl chemen ki mennen kot Papa a.»[14]

Nan vwayaj *Avanti Alis nan Bèl Peyi*, Lewis Carroll ekri an, Alis rive nan yon kafou epi li poze chat Cheshire a yon kesyon : « Èske ou ka di m, tanpri, ki chemen m dwe fè lè m sot la a ? »

Chat la reponn li : « Sa pral depann anpil sou kote ou vle ale a. »

Alis reponn li : « Mwen pa bay kote mwen prale a regle anyen pou mwen. »

Chat la di li : « Epyèr ou ka pran nenpòt chemen. »

Petèt pèsonn pa pi byen rezime revandikasyon espesyal Jezi pase Toma à Kempis nan klasik pou devosyon li a, *Imitasyon Kris la*.

> Swiv mwen. Se mwen menm ki Chemen an, Verite a, ak lavi a. Pa gen soti si pa gen Chemen. Pa gen konesans si pa gen Verite. Pa gen viv, san Lavi a. Se mwen menm ki Chemen nou dwe swiv la, Verite nou dwe kwè a, nan lavi nou dwe met espwa nou an. Mwen se Chemen yo pa ka vyole a, Verite ki pa ka kraze a ak Lavi ki pa p janm fini an. Mwen se Chemen dwat la, Verite total la, vrè Lavi a, kè kontan tout bon an, Lavi yo pa kreye a. Si nou swiv Chemen mwen an, nou ap konn Verite a, Verite a ap libere nou epi n ap rive nan lavi ki pa p janm fini an.[15]

Nan Jezi, nou jwenn chemen ki mennen kot Papa a. Li se chemen ki mennen lakay la.

Nan Jezi nou jwenn Verite a. Li pran fòm verite ki pa chanje a, ki sèten sou karaktè ak nati Papa a.

Nan Jezi, nou jwenn Lavi — lavi nan abondans lan, alafwa kounya ak nan kreyasyon tou nèf Bondye te pwomèt k ap vini an.

Sa a se cheminman lagras la.

---

14. Lesslie Newbigin, *The Light Has Come* (Grand Rapids : Eerdmans, 1987), 181.
15. Thomas à Kempis. Nan imitasyon Kris, Liv 3, chapit 56 (c. 1418–1427).

1
LAGRAS KI ENFINI AN
Lagras tout kote.
—*Georges Bernanos*

«Grâce infinie» se youn nan chante ki pi selèb epi plis moun pi renmen nan mond la jodi a. Menm lè l gen plis pase de syèk, yo kontinye chante l nan plis pase san lang ak dyalèk[1]. Li depase tout ras yo ak kwayans yo, fwontyè jewografik yo ak tout jenerasyon yo. Li pa menm nesesè pou ou Kretyen pou ou konnen mo yo epi pou siyifikasyon yo etone ou.

Yon pastè anglè ki rele John Newton te ekri yon chante. Nan kòmansman lavi granmoun li, li te kapitèn yon bato esklav epi li te responsab pèsonèlman pou pote plizyè santèn esklav afriken ki sot nan lwès Lafrik lan nan peyi Grann Bretay. Toutfwa, apre yon rankont kole ak lanmò pandan yon vyolan tanpèt nan lanmè a, li te

---

1. Lè m te ekri liy sa yo, chita nan salon ayewopò Johannesburg la, Afrik Disid, mwen te ka tande youn nan travayè yo ap fredone dousman nan lang afrikaan. Jounalis ameriken Bill Moyers te asiste yon reprezantasyon nan sant Lincoln kote piblik la t ap chante «Amazing grace». Li te tèlman sezi pou l wè jan chan sa a ini moun, ni sa k kretyen ni sa k pa kretyen, sa te ensite li pou li te fè yon dokimantè sou menm non an.

fè yon esperyans konvèsyon ki chanje lavi l sèk. Li pa t janm menm moun lan ankò.

Li pa t sèlman kòmanse yon cheminman lagras ak Bondye, men li te vin regrèt epi li te repanti jouk nan fon kè l jan l te enplike nan komès esklav lan. Li te demisyone nan pòs kapitèn la, li te tounen yon pastè anglikan, epi pita li te vin yon gid pou William Wilberforce, ki te mennen kanpay pou aboli esklavaj nan wayòm britanik la. Lè l te gen 82 lane, lè l te prèske mouri, Newton te deklare : « Memwa m prèske efase. Men mwen sonje de bagay : Mwen se yon gwo pechè, epi Jezi se yon gwo sovè. » Sa pa p etone nou pou jan li te ka ekri tankou yon powèt — li te resevwa, viv epi li te sibi transfòmasyon lagras ki enfini an.

Se yon liv sou lagras. Li pale sou cheminman lagras ki fè nou kapab plis sanble toujou ak Jezikris ki se « Chemen an, Verite a, ak Lavi a. » Lagras parèt sou plizyè fòm, nan Labib ak nan lavi nou an menm tan, men nati lagras la ret menm jan. Nou pèsonèlman resevwa l tankou yon kado Bondye epi nou travay ansanm ak Bondye pou yon relasyon tèt ansanm epi k ap transfòme nou.

Kisa lagras la ye ?

Kisa lagras la ye ? Kòman li rantre nan lavi nou, afekte nou, chanje nou epi ban nou posibilite pou n viv menm jan ak Kris ? Gen anpil definisyon sou lagras :

- Favè Bondye nou pa merite.
- Lanmou Bondye nou pa merite.
- Favè yo fè yon moun ki merite yon bagay ki kontrè
- Ekspresyon lanmou lib Bondye ki jwenn sèl motivasyon l nan jenerozite epi byenveyans moun k ap bay lan.[2]
- Bonte Bondye san mank.

---

2. Se yon fraz lib sou definisyon lagras yo bay Spiros Zodhiates, lengwis ak chèf misyon Nouvo Testaman an, ki mouri jodi a.

Tout definisyon sa yo pou lagras tante dekri aspè sa yo ki pa ka dekri yo e ki etonan nan repons lanmou Bondye pou limanite ki pa merite l. Se sa k fè nou itilize mo « etonan. » Li defye kategori nou kòm lòm genyen nan relasyon ak tranzaksyon yo.

Moun k ap travay nan finans konnen kisa ki yon « peryòd gras. » Peryòd gras yo se ti fenèt tan lè yon peman anreta pa gen penalite. Lè yon moun dwe peye yon machin oswa yon prè pou lekòl, men kòb sa a w ap remèt la yo pa pran sou ou okenn frè pou reta, sa a se yon « peryòd gras. » Men, yon « peryòd gras » gen kondisyon. Li dire yon tan tou kout sèlman. Li gen pou l fini, epi si yon moun poko peye toujou sa l dwe a, yo ap ajoute penalite sou kòb li dwe a. Li gratis — men li pa san kondisyon.

Lagras Bondye a diferan. Lagras Bondye a gratis (pa konfonn li avèk « pa gen pri » — plis detay sou lide sa a nan fen chapit la), epi se yon bon bagay paske nou pa t ap kapab genyen l tout fason. Nou pa ta p janm kapab peye oubyen remèt sa nou dwe Bondye a. Se nan gras li Bondye fè pou nou sa nou pa ta janm ka fè pou tèt nou. Se sa k fè n ap di lagras se pa yon bagay nou merite. Bondye aji ak nou pi byen pase sa nou merite. Se gras nou jwenn lè nou merite sa ki kontrè an, epi ki oblije nou swiv Jezi nan yon lespri yon apostola ki devwe.

Definisyon pi senp pou gras la se « kado. » Apot Pòl te prete yon mo grèk komen pou « kado » oswa « favè », *charis*, epi li te kontribye pou re — imajine l tankou yon fason pou dekri yon siyifikasyon ki laj sou tout sa Bondye te fè pou nou nan Jezikris (2 Korent 8.9 ; 9.15 ; Galasi 2.21 ; Efèz 2.4-10).[3] Se menm jan, li enpòtan pou note *charis* la soti nan mo *char* — « sa ki pote lajwa. »[4] Konsa, aksyon gras ki bay epi nou resevwa fè parèt lajwa ak gratitid. Nan sans sa a, li t ap bon

---

3. Mo grèk *charis* lan tradui nan laten kòm gratia, se nan li anpil lang jwenn mo, « lagras. »
4. Thomas A. Langford, *Reflections on Grace* (Eugene, OSWA : Cascade Books, 2007.

pou moun ki ap benefisye lagras yo ofri yon bagay anretou : aksyon gras la ak yon vi konsakre. Sa pa vle di lagras Bondye an se yon tranzaksyon relasyonèl. Dezi (atant) pou ranbouse favè a anile pisans kado a.[5] Refleksyon tranzaksyon an toujou kraze epi devalorize entansyon yon kado.

Si mwen bay zanmi m nan yon kado, mwen te ka di : « Mwen vle ba ou kado sa a kòm yon siy lanmou m pou ou. »

Repons nòmal la se t ap zanmi m nan resevwa kado a epi li sèlman di : « Mèsi. »

Epi si, olye sa, zanmi m nan te di : « Ou byen janti. Konbyen m dwe w ? » Yo te chanje langaj yon kado nan langaj yon tranzaksyon : ou fè yon bon bagay pou mwen. Mwen dwe w tande.

Gen yon lòt pwoblèm nan konfizyon ant kado lagras la ak tranzaksyon ki ka ranbouse yo. Siyifikasyon pwofon lagras la se dèske pa gen anyen nou ka fè pou Bondye renmen nou plis pase sa, epi pa gen anyen nou ka fè pou Bondye pa renmen nou mwens pase jan l gentan fè l la.[6] Pa gen anyen ki vreman bon nan nou ki ka fè nou merite oswa kapab genyen lanmou Bondye, ki nan Jezi Seyè nou an (Wòm 8.35-39). Bondye pa renmen nou paske nou bon, epi Bondye pa rayi nou paske nou pa bon. Nati ki enpòtan kay Bondye se lanmou sen, ki vle di aksyon ki plis karakterize Bondye totalman se bay tèt li kòm kado, lagras k ap koule a ki sot nan Bondye.[7]

---

5. Nan *Paul and the Gift* (Grand Rapids : Eerdmans, 2015), John M. G. Barkley fè konnen ak fòs zafè « kado » tankou yon bagay yo remèt ou « gratis, pou anyen an » se yon konsèp oksidantal modèn. Nan tout lantikite, epi ankò jodi a nan plizyè rejyon nan mond lan, kado yo bay ak gwo atant an retou — menm pou yon bagay ki ka ranfòse solidarite sosyal la. Dapre Levanjil Nouvo Testaman an, « kado » Sali a se, si se pa yon bagay ou merite epi ou pa ka genyen l, lagras ki bay jistis lan epi jistis lan ap bay obeyisans.

6. Philip Yancey, *What's so amazing about grace ?* (Grand Rapids : Zondervan, 1997), 70.

7. « Karakteristik Bondye ki pi esansyèl lan se lanmou. 'Bondye se lanmou,' Jan di sa senpman poutan nan yon fason ki pwofon. Nou gendwa modifye lanmou Bondye an ak mo 'sen' an. Toutfwa, sa ajoute ti kras nan yon konpreyansyon sou Bondye paske,

Philip Yancey rekonèt sa lè l ekri : « Lagras vle di Bondye renmen nou deja otan yon Bondye ki san limit ka renmen nou. »[8] Piske Bondye pa renmen nou okòmansman sou baz bon konpòtman nou, kòman yon pi bon konpòtman ka rann Bondye renmen nou plis toujou ? Nan menm jan, kòman yon vye konpòtman ta ka rann Bondye renmen nou mwens ? Nou pa ka priye plis, bay plis, sèvi plis oswa sakrifye nou plis epi lakoz Bondye di : « Li tèlman amelyore. » Li resi reprann li. « Mwen renmen l, plis pase anvan. » Non. Li renmen nou jan nou ye a. Depi se lanmou Bondye, anyen pa depann ak sa w ap fè oswa jan w ap konpòte w — non pa paske nou merite l, men paske se premye ak dènye tandans kè Bondye.

Yon konparezon ki komen ant jistis, mizerikòd ak lagras byen di : Jistis, se resevwa sa ou merite. Mizerikòd se pa resevwa sa ou merite. Lagras, se genyen sa ou pa merite.

Jezi te di anpil parabòl pou ede nou re — imajine lavi apati sans yon wayòm. Parabòl yo pa t sèlman istwa moral ki rakonte pou montre yon pi bon jan pou viv. Li ede nou byen konprann, epi korije, jan nou wè nati ak kè Bondye. Ann reflechi sou parabòl mouton ki pèdi a, pyès monnen ki pèdi a ak pitit gason ki pèdi yo (Lik 15).[9] Jezi montre Bondye tankou yon gadò mouton ki te kontan pa paske katrevendisnèf mouton yo te swiv règleman yo, men paske youn nan yo ki te pèdi an li te vin jwenn li. Li dekri Bondye tankou yon fanm ki vire kay li tèt anba pou l chèche yon pyès monnen ki gen anpil valè. Lè l jwenn li, li te tèlman kontan li òganize yon fèt pou l fete

---

nan nati li, lanmou Bondye an sen. Modifikatè 'sen' an raple nou byen, toutfwa, Bondye sou tèt nou kòm yon bagay ki diferan parapò ak nou. Bondye sen toujou diferan ak nou nan nati l. » Diane LeClerc, *Discovering Christian Holiness* [Dekouvri sentete kretyen an : Kè teyoloji sentete wèsleyen an] (Kansas City, MO: Beacon Hill Press of Kansas City, 2010), 274.

8. Yancey, 70

9. Mwen itilize « pitit gason yo » ak entansyon. Ansèyman Jezi an nan parabòl sa a sanble klè dèske toude pitit gason yo te pèdi pou rezon ki diferan—men se yon sèl ki te kite lakay li.

ak zanmi l yo. Epi li montre Bondye tankou yon papa ki plen lanmou k ap chèche ozalantou pitit li pèdi a. Lè l wè ti gason k te pèdi an «pandan li te toujou lwen» (Lik 15.20), li plen ak konpasyon epi li kouri pou l resevwa l lakay li. Sa se kèk apèsi sou nati ak kè Bondye. «Jwenn ou» fè kè Bondye kontan! Lagras Bondye a ranpòte laviktwa sou trennen, pèdi, ak enfidelite.

Jezi te rakonte yon lòt parabòl sou moun k ap travay nan jaden rezen yo kote mèt jaden an peye tout moun menm kantite kòb, menm si gen nan yo ki te travay on ti kras pase lòt yo (Matye 20.1-16). Istwa sa a pa gen okenn sans ekonomik. Li sanble ak yon pratik biznis ki pa fin bon. Jan mèt jaden an fè a pa pridan menm, sa ka fè travayè ki pi kapab yo rale kò yo epi ankouraje parès nan sa k pa sousye yo. Men, parabòl la pa p pale sou pi bon pratik biznis, men gwo kokennchenn gras Bondye a. Lagras la pa yon ekwasyon matematik ki pèmèt ou konte lè travay moun, swiv prensip kontab ki bon oswa ki rekonpanse moun ki ap travay di yo. Lagras la pa konnen kiyès ki merite pou yo peye l; li pou moun ki pa merite l yo epi ki resevwa kado kanmenm yo, si sa parèt ap fè bri nan zorèy nou epi san sans pou nou, eben nou kòmanse konprann sa k lagras la.

Lagras la pèsonèl

Nou ka pale sou eksperyans lagras la paske li pèsonèl nèt epi li relasyonèl. Lagras la pèsonèl pou de rezon enpòtan. Premye a, lagras pa yon bagay, se pa yon machandiz. Se pa bagay ki sen yo vide nan nou tankou yon «lui motè pou kretyen» pou ede «motè» apostola nou an mache pi byen. Lagras pèsonèl paske li soti nan Jezikris menm, ki te di: «Se Mwen menm ki chemen an, verite a, ak lavi a.»[10]

Toma Langford, yon teyolojyen sou tradisyon wèsleyen an, di nan tout istwa legliz la, te konn gen goumen ant de jan yo wè lagras la:

---

10. Lè Jan pale sou Sentespri an tankou «yon lòt» Defansè, li vle di Lespri an pral kontinye ministè Jezi Laverite an (Jan 14.6, 16–17).

Yon kote, yo te wè lagras la tankou yon bagay, yon bagay Bondye genyen e li ka bay li, epi petèt yon bagay moun ka dakò pran ak posede; oswa, sou yon pi gwo ang, yon atmosfè, yon enèji oswa yon pisans ki reprezante aksyon Bondye epi ki bay yon kontèks nan antouraj pou lavi moun. Pale sou lagras la se pale sou prezans Bondye ak bèl relasyon li genyen ak kreyasyon an. Jan nou konprann li la, jan yo konsidere lagras la chita sou refleksyon lavi, lanmò ak rezireksyon Jezikris. Jezikris se lagras la; lagras la se Jezikris.[11]

Gwo deklarasyon Diarmaid MacCulloch la frape m fò nan istwa monimantal krisyanis la: « Yon moun, non pa yon sistèm, te kenbe [Pòl] nan mistè sa a ki te pase sou wout Damas la. »[12] Nan yon pakèt fason, sòl ki sot tas — ki vin rele pita Pòl apot la — pa t prepare pou gwo bout revelasyon sa a. Li te angaje tèt li nan yon relijyon, yon sistèm ki sou tradisyon, yon lwa ki defini. Li te konnen l byen anpil. Li te yon defansè ki te antrene epi ki te tizè, men se yon moun ki chanje l. Moun sa a se te Jezi Nazarèt, Pòl vin idantifye l pita kòm Kris ak Seyè a.

Ansyen sistèm kwayans Pòl lan te kwè totalite afilyasyon an ak lalwa. Apre eksperyans sou wout Damas la (Travay 9.1-22), li te wè bagay yo diferan. Li te toujou kwè lalwa a te bon, men li te manke. Lè li te rankontre moun nan, li wete konsantrasyon l sou sa l te panse ki te bon an (eritaj jwif li) pou l konsantre l sou yon moun ki pi bon yo pa ka konpare: Jezikris. Nan eksperyans rankont sere ak Kris la, li tonbe sou yon jistis ki pa t pa l.[13] Pòl te panse relasyon kwayan an ak Kris lan (moun lan) ka vin tèlman sere li dekri l tankou yo fè yon « sèl nan Kris la », ki montre yon inyon total. Pou Pòl, inite ak Kris

---

11. Langford, 18.
12. Diarmaid MacCulloch, *Christianity* (New York: Penguin Books, 2009), 9
13. Dikaioun, « pou yo rann li jis » (oswa nan fraz Refòmasyon pandan sèzyèm syèk lan rann selèb, « pou yo jistifye l »), denote gen yon gras ki soti deyò nou.

la pa t yon jan ou ka panse, nan sans grèk women yo ak Platon. Jezi te (se) yon moun tout bon nan tan ak nan lespas istwa resan yo. Li pa sèlman menm jan ak nou nan lachè li men — tankou moun Pòl te kontre sou wout Damas lan — yon moun ki leve soti vivan nan lanmò epi ki depase tout bagay e lavi, lanmò, rezireksyon ak monte li nan syèl te chavire katastwòf peche nou ak chit nou (1 Korent 15.22)

Anreyalite, chanjman non Sòl pou vin Pòl la te pli pase yon konvèsyon — se te yon revèy : « yon bagay tankou balans te sot tonbe nan je l, epi li vin wè ankò » (Travay 9.15). Li te refèt ankò. Pòl te resevwa yon kado san defo, san tach, li pa t ka ni genyen ni merite. Kounya li te ka wè kot lalwa te konn mennen moun yo. Se sa k fè pita li pral ekri : « men nou menm, n'ap fè konnen Kris yo te kloure sou kwa a. Pou jwif yo, sa se yon wòch k'ap fè yo bite. Pou moun ki pa jwif yo, sa se bagay moun fou. Men pou tout moun Bondye rele yo, kit yo jwif, kit yo pa jwif, n'ap fè konnen Kris la ki gen bon konprann Bondye a ak pouvwa Bondye a » (1 Korent 1.23-24). Bagay sa te yon eskandal pou moun lalwa epi tradisyon jwif yo te mare yo, ak yon foli pou moun kilti elit grèk lan ak vizyon filozofik oksidantal lan sou mond lan te absòbe yo. Men pou moun ki te ka kwè Jezi se Kris Bondye a, (nan lang grèk, *christos* vle di « sila ki resevwa onksyon an »), nan lagras Bondye an, li te tounen sali yo.[14]

Premye kretyen yo pa t preche yon sistèm oswa menm yon relijyon. Yo t ap pwoklame yon moun. Pou islam, Lapawòl la te tounen yon liv (Koran) ; pou krisyanis la, Lapawòl la te tounen lachè (Jan 1.14).[15] Yon moun, letènèl, yon sèl Bondye a, li vin antre nan yon kò moun. Premye Kretyen yo pa t bay vi yo pou yon teyori, yon prensip oswa yon fòs vital. Se te pou ak akoz yon moun — yon moun reyèl ki te

---

14. Gwo konkòdans nan Nouvo Testaman an endike *charis*, « gras, » parèt omwen uit fwa nan lèt Pòl yo bay legliz premye syèk yo.
15. Mwen dwe Daniel Gomis, Direktè rejyonal Legliz nazareyen pou Afrik lan, pou distenksyon enpòtan sa a.

krisifye vre epi antere, ki te reyèlman leve soti vivan nan lanmò, ki monte nan syèl tout bon epi ki ap tounen tout bon.

M pa konn pèsonn ki dekri sa pi byen pase Dietrich Bonhoeffer: « Ak yon lide ki abstrè, li posib pou antre nan yon relasyon konesans fòmèl, pou vin gen antouzyas pou li, epi petèt menm pratike l; men obeyisans yon moun pa p janm suiv li. Krisyanis la san Kris vivan an se nan yon fason ki inevitab krisyanis lan san apostola, e Krisyanis lan san apostola se toujou yon krisyanis san Kris. »[16]

Kòm konsekans, cheminman lagras la pa annafè ak swiv yon sistèm, yon liv, yon *Manyèl*, yon denominasyon, oswa yon tradisyon. Nou ap swiv, adore, e sèvi Jezikris. Lagras la se rezilta tout byenfè lavi, ministè, lanmò, rezireksyon ak monte nan syèl Jezi menm, ki se Kris la ak Seyè a kounya.

Yon kontrandi kristosantrik (ki santre sou Jezi) sou lagras lan se pa pou neglije teyoloji Trinite lagras lan (Bondye kòm Kreyatè ak Papa); pisans Sentespri a nan lavi yon kwayan). Konprann lagras la tankou yon moun, se fè tèt ou sonje tout sa nou rive konnen sou Bondye menm revele pi klè nan lavi a, ansèyman ak eksperyans moun Bondye te chwazi fè konnen l nan. Objektif tout apostola kretyen se pou fè moun k ap benefisye lagras la pran fòm epi sanble ak Jezikris. Lagras la pa yon bagay — lagras la se yon moun.

Afimasyon sa a mennen nou nan dezyèm rezon ki fè lagras la pèsonèl : lagras la vin sou chak moun jan l bezwen l ak kapasite li genyen pou l resevwa l. Chak moun resevwa epi pran lagras la yon fason ki pwòp ak li menm.

Mwen gen anpil zanmi, men mwen gen relasyon diferan ak yo chak paske yo chak san parèy. M gen twa timoun, menm lè m renmen yo menm jan, m pa ka aji ak yo menm jan. Yo tout diferan, epi apwòch

---

16. Bonhoeffer, *The cost of discipleship* (New York: Macmillan Company, 1949), 63–64.

mwen kòm paran dwe adapte ak yo chak. Se fason ki afektif pou ou yon zanmi ak yon paran.

Se menm jan, chak moun pran ak resevwa lagras nan fason pa yo paske nou fè eksperyans ak lagras la nan yon relasyon pèsonèl ak Bondye ki an twa moun lan, Papa a, ki te pwolonje nan Jezikris epi Sentespri a te rann li posib.

Lagras la koute chè

Dietrich Bonhoeffer fè nou sonje, si lagras la te gratis, li pa t vin san yon pri. Nan yon paragraf ki lou nan liv li moun pi konnen an, « *The Cost of Discipleship* (Pri apostola a) », Bonhoeffer soulinye diferans ant lagras ki bon mache a ak lagras ki chè a, tankou yon mank demann pou vrè apostola oswa atant li : « Lagras ki bon mache a se lagras san apostola, lagras san lakwa, lagras san Jezikris, ki vivan epi ki tounen lachè . »[7]

Konsa, Bonhoeffer deklare kareman lagras ki bon mache a se « lènmi legliz nou an, » « lènmi ki pi dechennen nan apostola a, » epi « li te wine plis kretyen pase tout kòmandman zèv yo ».[18] Moun ka di yo jistifye ak lagras la sèl kòm kado Bondye, men fwi yon lavi ki jis se sila ki kite tout bagay epi ki swiv Jezi a[19]. Epi rezon an, jan Bonhoefer soulinye l la, se lè nou tande apèl Jezi an pou n swiv li, repons disip yo se anvan tou yon aksyon obeyisans anvan yo konfese lafwa yo nan doktrin nan (Mak 2.14).[20]

Bonhoeffer kontinye lè l ap dekri kòman lagras la chè epi poukisa sèl grenn repons ki bon an se yon lavi apostola konplè e totalman lage ou ba li.

---

17. Bonhoeffer, 47–48.
18. Bonhoeffer, 45, 55, 59.
19. Bonhoeffer, 55.
20. Bonhoeffer, 61.

Lagras la koute chè paske li rele nou swiv li, epi li se lagras paske l rele nou swiv Jezikris. Li chè paske li te koute lavi yon moun epi li se lagras paske li bay yon moun sèl vrè lavi a. Li chè paske li kondane peche e lagras paske li jistifye pechè an. Sitou li koute chè paske li koute Bondye lavi Pitit li : « yo te achte nou nan yon pri, » epi sa k te koute Bondye anpil pa ka bon mache pou nou. Anplis, se lagras paske Bondye pa t estime Pitit li a gen yon pri twò wo pou peye pou lavi nou, men li te livre li pou nou. Lagras chè an se Bondye ki antre nan kò yon moun.[21]

Lavi apostola la se yon cheminman lagras. Li kòmanse ak lagras la, li ranfòse ak lagras epi li make ak lagras depi nan kòmansman jouk nan fen. Pa gen yon vrè apostola si nou pa swiv epi obeyi ak sa Jezi vle. Nou ka resevwa lagras la tankou yon kado — gratis — men li pa ka rete andeyò egzijans lavi apostola a.

Lagras la etonan

Philip Yancey rakonte yon sèn nan fim *Dènye Anperè a*, jèn gason yo te vide lwil sou tèt li a pou l vin dènye anperè Lachin lan. Li viv yon vi nan nan liks avèk anpil sèvitè sou lòd li.

Frè l la mande l: « Sa k pase lè ou fè sa k mal ? »

Jèn anperè a reponn li: « Lè m fè yon bagay mal yo pini yon lòt moun nan plas mwen. Pou l montre sa, li kraze yon objè ki gen valè epi yo bat youn nan sèvitè li yo pou sa l fè ki mal la. »[22]

Se te ansyen koutim wa ak anperè yo. Sa pa t ni jis ni gen mizerikòd. Epi yon moun rive sot nan yon lòt mond. Se te yon wa ki te bay yon sans ak konsèp otorite a. Li vire ansyen lòd lan epi met yon nouvo wayòm. Lè sèvitè l yo tonbe nan peche, wa sa a pran sa l dwe

---

21. Bonhoeffer, 47–48.
22. Yancey, 67.

pran an san anyen anplis. Yancey reflechi : « Lagras lan gratis paske moun ki bay li a sipòte pri a. »[23]

Sa se pa jistis oswa mizerikòd, se lagras. Lagras ki chè an. Se poutèt sa, nou renmen chante chan Newton nan. Lagras lan enfini.

Kounya, kòman kokenchenn lagras Bondye a manifeste nan lavi nou chak jou ? Se yon bon bagay pou ou konnen sa lagras vle di. Li bon pou konnen Bondye renmen nou konsa, men ki diferans sa fè nan lavi m ? Ak kisa lagras la sanble lè m wè l ? Ak kisa lagras la sanble lè m ap viv li ? Ki diferans lagras la fè nan lavi m chak jou ?

Nou ka viv lagras la plizyè jan, nan nyans ak divès fason. Rès liv sa a eksplore plizyè ekspresyon cheminman lagras la.

---

23. Yancey, 67.

△
CHEMEN AN

Atravè lagras ki chèche a (ke yo rele lagras prevenan an), Bondye ale devan nou pou fè yon mwayen epi atire nou nan relasyon an.

2
LAGRAS KI CHÈCHE A[1]

*Moun Bondye voye nan lachè a vin chèche
sa ki te pèdi pou l delivre yo.*
Lik 19.10

Apostola a sanble ak yon long obeyisans nan menm direksyon an — ak Jezi kòm gid ak konpanyon nou.[2] Nou rele sa a yon cheminman lagras. Cheminman lagras lan toujou dinamik paske li gen relasyon ak sa ki esansyèl lan. Mache suivan lafwa se plis yon avanti pase yon kòve, plis yon plezi pase yon devwa, avèk chak etap nan vwayaj apostola ki plonje nan lagras Bondye an. Nou eksperimante lagras Bondye nan diferan fason atravè plizyè sezon nan lavi nou. Malgre fasèt lagras sa yo pa toujou sekansyèl (dapre yon

---

1. Gen yon pòsyon nan chapit sa ki antre epi adapte nan chapit otè a ki gen tit « Lagras prevenan (ki pase anvan an) : Lagras prevenan an nan lespri wèsleyen an, » ke David A. Busic ekri, nan *Wesleyan Foundations for Evangelism*, ed. pa Truesdale (Kansas City, MO: The Foundry Publishing, 2020). Itilize ak pèmisyon.

2. Fraz « yon obeyisans long nan menm direksyon an » yo prete l nan yon liv sou apostola pastè — teyolojyen Eugene Peterson ekri, *A long obedience in the same direction* (Downers Grove, IL: InterVarsity Press, 1980).

lòd espesifik), yo diferansye youn ak lòt dapre objektif yo ap ranpli nan vwayaj apostola nou yo.³

Gen pou pi piti 5 rezon nan pawòl Bondye ki esplike kòman nou viv gras Bondye a. Sa pa vle di gen yon diferans klas nan lagras, kòm si gras la ka divize nan diferan kategori oubyen mezi.⁴ Jan Jack Jackson soulinye li a : « lagras Bondye a san parèy »,⁵ oubyen daprè John Wesley lagras la se tou senpman « lanmou Bondye. »⁶ Pou evite tandans sa a pou klase diferan kalite lagras yo, Wesley te chwazi konsantre sou nati eksperyans lagras la. « Daprè estad apostola a, moun yo eksperimante lagras la nan fason diferan. Sila yo ki nan eta nati an (pre — kretyen yo) fè eksperyans lagras la yon fason prevantif, yon fwa yo reveye, yo fè eksperyans lagras la yon fason ki konvenkan epi ki jistifye ; e apresa, finalman, yon fwa yo jistifye, yo eksperimante lagras lan k ap travay pou sanktifye lespri yo ak kè yo. »⁷ Deskripsyon Jackson fè la sou teyoloji Wesley a byen ekri, li lojik poutan l fleksib, li distenge lagras la kòm yon bagay ak lagras lan kòm yon vwayaj relasyon ki gen sikonstans epi eksperyans lavi a, randevou ak Bondye epi kalandriye providansyèl. Gras la se yon moun epi li pwolonje nan fason ki pèsonel.

---

3. Byenke lagras la ka pa eksperimante nan lòd, teyolojyen yo fè referans ak yon lòd sali *(ordo salutis)*. Men, Diane LeClerc soulve pwen enpòtan an : « Pliske yo souvan konsidere yon seri etap nan lavi kretyen an, kèk savan prefere via salutis, oswa mwayen sali a, pou mete aksan sou fliyidite yon stad pa rapò ak yon lòt. », 315.

4. Se te pi gwo pwen nan dènye chapit la. Gras se pa yon bagay — gras se yon moun epi li pèsonèl. Tom Noble sijere tandans pou trete lagras la antanke yon fòs objektif oswa sibstans ki soti nan Ogistinis medyeval la. Diferan kalite gras emèje ki ta ka anvayi nan Kretyen yo. Tandans ki devlope nan skolastik pwotestan disetyèm syèk la. « Modèl skolastik gras la pote pwòp pwoblèm li, patikilyèman yon tandans pou depèsonalize aksyon Bondye, ki ranplase aksyon pèsonèl Lespri a ak sibstans ki pa pèsonèl sa ki rele 'gras.' » T. A. Noble, *Holy Trinity* (Eugene, OR : Cascade Books, 2013), 100.

5. Jack Jackson, *Offering Christ* (Nashville: Kingswood Books, 2017), 53.

6. John Wesley, Mesaj 110, « Gras lib », Mesaj III : 71–114, vol. 3 nan *The Bicentennial Edition of the Works of John Wesley* [Edisyon Bisantnè travay John Wesley] (Nashville: Abingdon Press, 1986), 3.544, par. 1.

7. Jackson, 53.

Nan lespri sa a, nou pwopoze motif sa yo pou pèmèt nou pi byen konprann kòman nou souvan fè esperyans lanmou Bondye sou cheminman lagras la, pandan n ap rekonèt yo pa kalite lagras ki diferan men yo se diferan fason nou gendwa fè esperyans ak Bondye kòm lagras ki tounen moun pandan dire lavi nou.[8]

- Lagras ki chèche an
- Lagras ki sove an
- Lagras ki sanktifye an
- Lagras ki pote soutyen an
- Lagras ki sifi an

Nan chapit aprè yo, n ap egzamine an detay chak grenn motif sa yo nan limyè Labib, sou plan teyoloji epi sou plan eksperimantal. Nou kòmanse la ak lagras ki chèche an.

Lagras ki vini anvan nou an

Gras Bondye a pa kòmanse nan moman sali a. Li vini anvan menm sansibilizasyon nou sou bezwen nou pou Bondye. Nou pa chèche Bondye tou natirèlman, olye sa, Bondye chèche nou. Tèm teyolojik pou aksyon sa a ki ede Bondye atire nou pi pre li menm nan se lagras ki vin anvan an. Lagras ki vin anvan an tou senpman vle di Bondye vin jwenn nou anvan nou vin jwenn Bondye. Gras Bondye a chèche nou epi li vini kote nou ye a.

Pafwa kretyen yo kòmanse yon temwanyaj sou fason yo « te vini jwenn Kris » nan tèl ou tèl kote oubyen nan yon sèten laj. Sa yo se veritab tantativ pou rakonte yon moman ak yon espas espesifik lè yo

---

8. Dapre konpreyansyon William Greathouse ak H. Ray Dunning sou « sali » antanke yon tèm teyolojik ki gen konotasyon ki laj : « [Sali] anglobe tout travay Bondye ki dirije vè restorasyon lèzòm de eta ki te pèdi li a. Apati sali inisyal la, sa enkli tout aspè restorasyon sa jiska sali final oswa 'glorifikasyon' an. » William M. Greathouse ak H. Ray Dunning, *An introduction to Wesleyan theology* (Kansas City, MO: Beacon Hill Press of Kansas City, 1982), 75. Pi devan, Greathouse ak Dunning eksplike ke sali a pa sitiye nan yon evènman oswa eksperyans inik : « Nouvo Testaman an pale de sali a nan twa tan : pase (te), prezan (ap), ak fiti (oral). »

te rankontre Bondye epi eksperimante nesans tounèf lan nan Kris. Sepandan, ekspresyon « te vini jwenn Kris » lan pa egzakteman presi paske pèsòn pa janm vin jwenn Jezikris. Jezikris vini jwenn nou.

Nan yon lèt ki trè enpòtan ki te ekri pou premye kretyen payen yo, apot Pòl di : « Nou menm moun Efèz, nou te mouri poutèt mechanste ak peche nou yo. Se nan bagay sa yo nou t'ap viv nan tan lontan. Nou t'ap swiv move kouran ki nan lemonn. Men, Bondye sitèlman gen kè sansib, li sitèlman renmen nou, li ban nou lavi ankò ansanm ak Kris la, nou menm ki te mouri akòz peche nou yo. Se yon favè Bondye fè nou lè li delivre nou. » (Efèz 2.1-2, 4-5). Pran nòt espesyal sou yon mo Pòl repete pou met aksan espesyal : lanmò. Pòl pran sa trè serye. Li pa di nou te « malad » nan peche nou yo oubyen « kwense » nan peche nou. Non, nou te mouri nan peche nou yo.

Daprè Bib la, gen 3 lanmò ki egziste : fizik, espirityèl epi etènèl. Pòl ap dekri lanmò espirityèl lan. N ap viv, respire epi swiv mouvman lavi a, men akoz peche nou te mouri espirityèlman. Yon moun ka vivan fizikman epi ap mache, men andedan, li pa reponn ak bagay espirityèl yo, paske li pa gen okenn sansasyon espirityèl. Se poutèt sa yon moun ki mouri espirityèlman pa konekte ak verite espirityèl. Li pa pi reyèl pou yo ke li ta ka reyèl pou yon moun ki mouri pran sant. Moun ki mouri yo pa reyaji, yo dekonekte ak lòt moun epi yo pa okouran sa ki antoure yo.

Pòl di nou tout te nan eta tankou zonbi sa a. Piske mò yo pa ka reponn ak stimili deyò yo, okenn moun ki mouri espirityèlman pa ka « vin jwenn Kris » ak pwòp fòs li. Èd la dwe soti deyò, se poutèt sa, dapre Pòl epi lòt temwen nan Labib yo, Bondye fè entèvansyon nan sitiyasyon dezespere nou yo epi fè pou nou sa nou pa t kapab fè pou tèt nou : Bondye vini jwenn nou kote nou ye a. Ak pisans Sentespri an, Bondye deplase vini jwenn nou epi reveye sansiblite espirityèl nou. Reyalite sa a mennen nan yon panse ki pwofon : Menm kapasite nou pou di non ak ensitasyon Bondye yo posib akoz gras ki vin anvan an te deja rankontre nou. Nou sèlman lib pou reyaji ak Bondye paske Bondye libere konsyans espirityèl nou pou nou ka fè sa. Yon mouvman lagras sou tèt nou vin anvan tout repons pou bay Bondye.

« Bote k ap dòmi an » se yon kont popilè kote yo rakonte istwa yon prensès ki sou anpriz yon rèn ki mechan. Prensès la rete nan yon eta kote l ap dòmi san rete, sèl fason pou li reveye se si prens li an vini epi bo li. Bo sa a ap ede l soti nan eta li ye a epi sove li nan kondisyon dezespere li an. Menm lè se yon kont, li senbolize zèv lagras ki vin anvan an. Bib la di nanm chak moun nan yon tip somèy lanmò espirityèl, epi nou pa kapab mennen tèt nou rive jwenn konsyans espirityèl la. Apresa Prens la vini epi bo nou, epi malediksyon an kraze, epi nou reveye nan reyalite tounèf nou pa t konnen oparavan. Menm jan ak papa nan Lik 15 lan ki malad lanmou an kouri al jwenn pitit gason li ki te pèdi gras li an nan bout wout la, donk bo sa a reprezante yon gras ki vini anvan. Li pawòl sa yo nan parabòl ki touche an nan vizyon gras ki vin anvan an. « Misye te byen lwen kay la toujou lè papa a wè li. Kè papa a fè l' mal, li kouri al rankontre l', li pase men l' nan kou pitit la epi li bo li. Paske, pitit gason m' sa a te mouri, men li tounen vivan ankò; li te pèdi, koulye a mwen jwenn li. Epi, yo te kòmanse fè fèt ». (Lik 15.20, 24).

John Wesley ak lagras ki vin anvan an

Ansèt nou nan teyoloji John Wesley te di anpil bagay sou lagras ki vini anvan an. Pandan li pa t kwè vrè apostola kòmanse reyèlman aprè konvèsyon an, li te kenbe pozisyon ki di lagras Bondye an travay alavans, l ap ajite dezi lakay moun yo pou yo kòmanse chèche Bondye, dezi ki make kòmansman revèy la.[9] Nou chèche Bondye paske Bondye ap chèche nou an premye.

---

9. Jackson, 43–44. Gade tou Randy Maddox, *Responsible grace* (Nashville: Kingswood, 1994), 8.

John Wesley pa t premye moun ki te anbrase lide pisans lagras ki vini anvan ki etann sou tout moun, men li te kareman ajoute pwòp distenksyon l nan lòd sali a.[10] Pandan nou rele li pafwa « lagras ki vin anvan an, » Wesley te kwè depi nan nesans, lagras Bondye an aktif kay tout moun, pandan l ap chèche atire yo nan lavi ki pa p janm fini an nan Jezikris. Li vrè menm si yo pa t janm tande yo ap pwoklame levanjil lan. Prezans ak aksyon oparavan Bondye atravè Sentespri an se lagras ki « pase anvan » lè yo tande bon nouvèl lan, revèy espirityèl lan ak konvèsyon an.

Pèsonn pa etranje ak lagras Bondye an, epi tout moun se objè Lespri Jezi k ap chèche a. Antanke moun ki chite, ki mouri nan « transgresyon ak peche nou yo » (Efèz 2.1), nou enkapab pou nou vini jwenn Bondye ak pwòp fòs nou. Kòm konsekans, Bondye toujou premye sou sèn tout revèy, konvèsyon ak transfòmasyon lavi yo. Nou rele aktivite inisyal Sentespri a « prevenan » paske li vini anvan reyaksyon nou. Yon moun ka vin jwenn lafwa nan Jezikris, men pèsonn pa janm « vin jwenn Kris » amwenske Bondye atire li epi rann sa posib. Jezi di disip li yo sa t ap zèv Sentespri an. (Jan 16.5-15 ; gade Jan 6.44 tou).

Jan Lovett Weems di l konsa : « Bondye chèche nou anvan menm nou chèche Bondye. Inisyativ sali a ak Bondye depi nan kòmansman an. Anvan menm nou fè yon pa Bondye la. »[11] Nou ka reziste ak lagras la men yo pa kite pèsonn san envitasyon pou yon relasyon pèsonel ak Bondye. Sa vle di pou sila yo ki nan tradisyon sentete-wèsleyen lan lè nou pataje levanjil la ak yon moun, nou pa janm rankontre yon kontèks ki moralman san fòs kote. Pa gen moun nou kontre ki pa t afekte ak lagras ki vini anvan an. Wi, genyen moun ki pral plis

---

10. Nan tradisyon katolik, « gras reyèl » la divize an de pati : « gras ki vini anvan k ap fonksyone a » ak « gras ki vini apre k ap kowopere a »

11. Lovett H. Weems, Jr., *John Wesley's Message Today* (Nashville: Abingdon Press, 1991), 23.

rezistan oubyen reyaji pase lòt, men nou ka rete asire Bondye te fidèl nan lavi yo lontan anvan nou rive sou sèn lan. Prens la te rive anvan nou nan etap lavi yo.

Òf sali Bondye a pa itilize lafòs. Nan nati li, lanmou resipwòk (baz yon vrè relasyon) egzije libète pou aksepte oswa rejte lanmou ki ofri a. Toutfwa, lagras ki vin anvan an presede repons nou epi rann repons nou posib. Sa se lòd redanpsyon an ak kòmansman apostola. Bondye kòmanse ; nou reponn. Gras la toujou pase an premye.

Detèmine sa Bondye ap travay sou li

Tout Nouvo Testaman an temwanye sa, epi ekri apot Pòl yo tou mete aksan espesyalman sou « lè yon moun vini jwenn lafwa nan Jezi kòm Seyè ki resisite an, evennman sa pou li menm se yon siy Lespri a se zèv atravè levanjil lan e, si Lespri a kòmanse 'bon zèv'sa a e lafwa a se premye fwi l, ou ka gen konfyans Lespri a ap fini travay la. »[12] Toutfwa, asirans sa a pa nye enpòtans patisipasyon lòm lan. Relasyon an enplike yon kowoperasyon.

Pòl soulinye kiyès ki kòmanse epi fini cheminman lagras la : « Mwen sèten Bondye ki te kòmanse bon travay sa a nan nou an, li gen pou l' kontinye l' jouk li va fini l' nèt, lè jou Jezikri a va rive. » (Filip 1.6).[13] Anplis, disip (ak legliz lan) Jezi an dwe detèmine pwòp sali ou ak lakrent epi tranbleman ; paske se Bondye k ap travay nan ou, k ap pèmèt ou vle epi travay pou bon plezi li (2:12–13).[14] Nou dwe, ak gras li, detèmine nan mond lan sa Bondye ap travay nan nou. Egzanp biblik ki itil yo anpil.

Bondye te vini jwenn Abraam nan yon zòn ki rele peyi moun kalde yo (yo rele l Iran jodi a). Bondye te lanse apèl la. M ap ba ou anpil pitit pitit. Y'a tounen yon gwo nasyon e m'a beni ou. Y'a nonmen non

---

12. N. T. Wright, *Paul* (San Francisco: HarperOne, 2018), 96.
13. Remake ke Bondye se alafwa inisyatè ak fasilitatè pakou lagras la.
14. Mwen ajoute « legliz la » isit la paske mo « nou » an se pliryèl.

ou toupatou; w a sèvi yon benediksyon pou tout moun. (Jenèz 12.2) Kilès ki te kòmanse? Se te Bondye. Kilès ki te fè bon travay sa a nan Abraam? Se te Bondye. Sepandan, Abraam te reponn ak obeyisans pou detèmine nan mond lan sa Bondye te ap travay nan li an.

Bondye te vini jwenn Jakòb nan yon rèv kote li te montre li yon eskalye ki monte ale nan syèl la (Jenèz 28.10-22). Epi apresa li te lite ak Jakòb nan rivyè Jabòk lan (32.22-32). Kilès ki te kòmanse? Se te Bondye. Toutfwa, Jakòb te dwe detèmine sa Bondye t ap travay nan li.

Moyiz te lwen anpil anpil. Bondye te vin jwenn li atravè yon touf bwa k ap boule e li te rele l pou l sove pèp li an anba lesklavaj nan peyi Lejip (Egzòd 3.1-4.17). Kiyès ki te kòmanse? Se te Bondye. Kiyès ki te kòmanse bon zèv lan nan Moyiz? Se te Bondye. Toutfwa, Moyiz te blije detèmine sa Bondye t ap travay nan li.

Kris vivan an te parèt devan Sòl (oubyen li te agrese l) nan wout Damas la (Travay 9.1-19). Sòl pa t ap chèche Bondye. Li te nan misyon pou pèsekite kretyen yo. Kilès ki te kòmanse? Kilès ki te kòmanse bon zèv lan nan Sòl (ki te vin Pòl aprè, misyonè bò kote payen yo)? Se Bondye ki te fè sa. Toutfwa, jan Pòl di sa aprè nan lèt li pou legliz Filip la, li te blije detèmine sa Bondye t ap travay nan li.

Enik ki te soti Afrik lan sou yon wout dezè nan peyi Jide (Travay 8), Kònèy atravè yon vizyon nan twazè nan apremidi (Travay 10), Lidya bò yon flèv (Travay 16): kisa yo tout pataje ansanm? Istwa sa yo ak anpil lòt tankou yo montre moun ki reponn nan lafwa ak Bondye ki te vini jwenn yo anvan. Yo tout t ap detèmine sa Bondye t ap travay nan yo an.

Gen yon modèl ki koyeran kote Bondye ap aji ak lagras ki vin anvan epi moun yo k ap reponn nan lafwa. Misyològ anglè Lesslie Newbigin te deklare : « Lafwa a se men ki kapte zèv Kris ki fini yo epi fè li tounen pa l. » Sa pa retire nesesite pou yon repons, men lagras ki vini anvan toujou vini an premye. Menm Ogisten, ki te yon patizan zele predestinasyon an, te di : « Moun ki te fè nou san nou menm nan, pa p sove nou san nou menm. »[15]

Pwovidans ak prevansyon

Gen yon diferans ant gras pwovidansyèl ak gras ki vini anvan. Pwovidans lan se kijan Bondye fè pwovizyon pou soutni epi apwovizyone kreyasyon li an, ansanm ak lèzòm.[16] Bondye « founi » oswa « anvizaje » (Jenèz 22.8, 14) sa ki nesesè pou soutni mond lan epi pou fè pwovizyon pou chak grenn moun.

Fason pwovidans Bondye kwaze nan lavi chak moun trè pwofon epi li chaje mistè ladan l. Kesyon pou konnen kilè, kibò ak nan ki fanmi yon moun fèt se yon kesyon pwovidans. Pouki yon moun fèt nan yon fanmi Endou nan peyi End nan lane 1765, poutan yon lòt fèt nan yon fanmi kretyen nan Mozanbik nan lane 2020, se kesyon pwovidans. Pwovidans Bondye gen divès degre responsabilite espirityèl. Yon moun ki gen posibilite pou tande levanjil pandan tout vi li ap jije diferan ak yon moun ki pa t janm tande non Jezi. Parabòl sèvitè fidèl epi ki saj Jezi an konsène plis pase byen materyèl sèlman — li enplike jesyon gras Bondye a tou. « Moun yo bay anpil, y'ap mande l' anpil tou. Moun yo mete responsab anpil bagay, y'ap egzije plis ankò nan men li. » (Lik 12.48). Se pa tout moun ki gen opòtinite ki egal. Genyen ki jwenn plis, lòt menm jwenn mwens. Don pou jwenn « plis » la akonpanye ak yon egzijans pou repons. Se kesyon ki gen rapò ak pwovidans ki sot nan Bondye.

Si pwovidans la se kote Bondye plase nou, prevansyon an dekri plizyè fason Bondye rankontre nou. Chak moun resevwa menm

---

15. Site nan *The works of John Wesley* (Kansas City, MO: Nazarene Publishing House, n.d.; and Grand Rapids: Zondervan Publishing House, 1958, concurrent editions), VI, 513.

16. Mo « pwovidans » lan soti nan de mo Laten : pro, ki vle di « avan » oswa « nan non ; » ak, videre, ki vle di « gade. » Kèk fwa pwovidans distenge an de kategori : « pwovidans jeneral, » Bondye pran swen linivè ; ak « pwovidans espesyal, » entèvansyon Bondye nan lavi moun.

gras la ki vini anvan Sali a. Sepandan, posibilite repons yo diferan. Bondye bay tèt li ak pèseverans epi pasyans ak tout moun. Kwayans sa a distenge krisyanis ak lòt relijyon nan mond lan k ap anseye Bondye ap reponn si lèzòm yo dirije yo dabò kot Bondye. Krisyanis la vire lòd bagay yo : Bondye toujou aji an premye, nan konsa li pèmèt yon repons.

Bondye inisye bon zèv lagras la ak lapè. Redanpsyon ak kreyasyon tounèf kòmanse toujou ak inisyativ Bondye. Pa gen anyen ki revele sa plis pase konviksyon dèske Papa a te voye Jezikris nan mond lan. Bondye toujou aji an premye. Sentespri Bondye an reveye bezwen moun yo pou sali, li konvenk yo ak peche yo epi li aplike reparasyon Kris la pandan yo reponn ak lafwa.

Pou John Wesley, revèy espirityèl plis pase yon senp konsyans : « Pa gen okenn moun, amwenske li te etenn Lespri an, ki pa gen gras Bondye an totalman. Pa gen moun k ap viv totalman san sa nou rele konsyans natirèl lan. Chak moun gen yon kantite mezi nan limyè sa a, ... ki klere tou moun ki antre nan mond lan. Epi tout moun ... santi yo plis ou mwens malalèz lè yo aji kontrè ak limyè pwòp konsyans yo. Epi, pa gen yon moun ki peche paske li pa gen gras men paske li pa itilize gras li genyen an. »[17] Yon konsyans ki pa alèz, yon sansibilizasyon sou byen ak mal k ap ogmante, epi sansibilizasyon espirityèl k ap reveye se kado lagras Bondye pou tout moun. Konfyans sa a gen enplikasyon enpòtan pou evanjelizasyon nan lespri wèsleyen an.

Gras ki vini anvan an ak evanjelizasyon

Yon fwa m te rankontre yon gwoup pastè kretyen ki rete nan yon zòn difisil pou swiv Kris. Li legal pou ou yon kretyen, men gen lwa nasyonal ki estrik ki egziste kont pwozelitis soti nan yon lafwa pou al nan yon lòt. Evanjelizasyon kretyen nan piblik, se yon bagay yo

---

17. Wesley, VI, 512.

pini grav ak prizon epi menm lanmò. Mwen te mande pastè yo kijan evanjelizasyon fèt nan yon zòn ostil epi ki chaje danje konsa. Aprè kèk minit silans yon pastè te reponn: «Rèv». Mwen pa t konprann, mwen te mande l pou li esplike mwen. «Se pa t plizyè douzèn, men plizyè santèn nan vwazen nou yo ki ap fè rèv lannwit. Kris ki resisite a parèt nan tout bote ak majeste li. Lè yo reveye, yo vin poze kesyon. 'Pale nou apwopo nonm sa a ki vin jwenn nou leswa'. Lè yo mande, nou gen obligasyon pou nou reponn. Nou pa evanjelize. Nou kontante nou bay prèv eksperyans nou pou nou ka esplike eksperyans pa yo. Anpil nan yo bay Kris lavi yo nan fason sa a.»

Nan zòn kote pòt legliz lan fèmen, lespri Bondye pran devan nou. Gras ki vin anvan Bondye an pa konnen okenn fwontyè ni baryè. Lanmou Bondye atenn san kanpe menm moun ki pi difisil yo, sila yo ki pi rezistan yo, epi ostil yo. Yo gendwa pa janm reponn nan yon lafwa obeyisan, men yo pa ka chape anba prezans omniprezan Bondye an ki pa p sispann renmen yo epi atire yo.

Se istwa sa a ki repete nan non fim *JEZI*. Fim sa a rakonte nan yon fason dramatik lavi Kris la. Li se yon enstriman lagras ki efikas nan lavi plizyè moun nan tout mond lan. Yo te montre l bay moun ki nan rejyon ki lwen yo kote non Jezi pa janm site. Yon istwa rakonte kote yon chèf tribi te leve kanpe pandan fim nan t ap pase epi li te di: «Sispann! Nou konnen nonm sa! Zansèt nou yo te wè l epi yo te revele istwa sali sa a. Li te di yon jou, gen yon moun k ap vini di nou non li. Epi konnya nou konnen non li se Jezi.» Pandan sa se sèlman yon egzanp sou lòt istwa ki parèy, sa montre Lespri Bondye an devanse legliz lan byen lwen, jan sa toujou ye. Sentespri a kiltive teren kè moun yo pou resevwa levanjil la. Gras ki vini anvan kwaze ak plan pwovidansyèl Bondye a anvan legliz la te rive pou pwoklame bon nouvèl la. Kòm konsekans, sa rive souvan tout yon tribi mete lafwa yo nan Kris.

Evanjelizasyon kretyen pa ni yon zak izole ni yon moman izolman. Li dewoule nan entèraksyon relasyon Sentespri an deklanche, ki toujou pran devan ak lagras. Okenn Kretyen pa ka gade nan retrovizè lavi yo pou li pa wè fason mèvèye Bondye te aji pou reveye yo epi mennen yo nan repantans ak nan lafwa nan Jezikris.

Papa m te vini yon kretyen pandan li te timoun atravè paran fanmi akèy li yo ki te nazareyen. Mwen te vin kretyen gras ak egzanp paran kretyen ak yon gwoup gason ki toujou reyini chak mèkredi nan maten pou priye dirèkteman pou sali mwen. Cheminman lagras ou an san parèy. Sa ki rete menm bagay lan pou tout moun, se dèske Bondye toujou pase anvan.

Zanmi mwen Stefann te ate epi li te nan inivèsite Almay kote li t ap etidye wobotik. Tonton li ki te ate te pale li apwopo yon fim ki gen pou tit *The Mission*. Li te ankouraje li gade fim lan akoz « aktè yo byen jwe ak bèl peyizaj li yo. » Fim lan plase nan dizuityèm syèk lan, nan forè nan nòdès peyi Ajantin. Yon misyon Jezwit Espanyòl te etabli plan pou atenn tribi endijèn Guarani yo pou Kris.

Stefann te lwe fim nan. Li te ranpli ak tristès akoz yon sèn kote yon machann esklav ak yon mèsenè ki rele Rodrigo Mendoza te monte yon montay ki rèd. Zouti metye li yo te nan do l, boukliye li ak koulin li. Li t ap fè penitans pou tout peche li yo. Pandan Mendoza rive nan tèt falèz lan, yon gèrye tribi Mendoza te kidnape epi te vann tankou esklav vole sou li, ak yon kouto nan men li pou koupe gòj Mendoza. Aprè li ezite pou yon moman, manm tribi a koupe kòd ki sou zepòl Mendoza epi voye pake ki lou a nan fon kaskad la. Mendoza konprann toudenkou gen yon bagay ki te pase ki fè jenn gèrye sa a te soti nan yon swaf pou vanjans pou li pase nan yon volonte pou montre mizerikòd.

Fatige, kouvri ak labou, Mendoza tonbe atè a. Li kòmanse kriye nan yon fason ke li pa ka kontwole, se pa dlo remò, men lajwa ki sot nan lapè ki andedan. Yo ba li azil nan vilaj la epi yo resevwa li nan kominote a. Finalman Mendoza pwononse ve pou l vin yon prèt Jezwit.

Pita, Mendoza resevwa yon liv kote li li yon pasaj sou sans lanmou. Stefann pa t konnen sous mo yo, men li te di yo te mo ki pi powetik e pi bèl li janm tande. Yo te tèlman kaptive li, li te gade sèn lan plizyè fwa epi avèk swen. Li te ekri mo yo pou li pa bliye yo. Epi li te ale nan yon bibliyotèk pou chèche sous powèm nan. Li te etone, mo sa yo te soti nan Bib la. Li te li plizyè fwa 1 Korent 13 — chapit lanmou an.

Apre yon ti tan, Stefann te enterese renmen ak yon kamarad inivèsite. Yon swa, li te envite Stefann nan sa li rele yon « klèb ». Li te di se te yon etid sou Labib. Stefann te aprann Priyè pou Papa nou ki nan syèl la. Kòm syantifik, li te kwè nan eksperimantasyon pou jwenn rezilta lojik yo. Stefann te dekouvri, chak fwa li te priye ak Papa nou ki nan syèl la anvan l al kouche, li te byen repoze l. Byento, li te kòmanse priye anvan li kouche chak swa. Li te reveye ak yon lanmou ki t ap pousuiv li epi yon gras ki te pran devan l.

Bondye misyonè a te kòmanse reponn lapriyè yon jèn ate. Li te dekouvri bote lanmou Bondye nan yon fim ki gen « aktè yo byen jwe ak bèl peyizaj ladan l. » Stefann te reyaji ak gras ki te devan l lan. Li te konfese lafwa li nan Kris la epi li te kòmanse detèmine nan mond lan sa Bondye t ap travay nan li. Kounya Stefann se yon misyonè nan legliz Nazareyen. Se konsa gras Bondye ki vini anvan an kondui nan repantans ak transfòmasyon.

Kwayans nan pisans gras ki vini anvan an rann li enposib pou dezespere pou nenpòt moun ki poko vin kretyen. Nou pa dwe janm abandone espwa pou pèsonn paske Bondye pa fè sa. Konfyans evanjelis yo pa repoze ni sou yo menm ni sou kapasite moun k ap tande levanjil la. Konfyans total nou se paske lanmou Bondye a pou tout moun. Li gwo anpil, san defo (Efèz 1.7), san relach epi li pa p janm chanje. Li ase pou fini sa Bondye kòmanse a. Randevou ak Bondye yo ap tann nou !

Jis kibò Bondye prale pou l rive sou yon moun ? Mwen te aprann apresye pawòl chante « Reckless Love » Cory Asbury an nan lane 2017 lan ki pale sou chèche gras Bondye a. Chante a pale sou gras Bondye nan lavi chantè a « anvan m te di yon mo » epi « anvan m te pran yon souf. » Li dekri « lanmou irezistib, ki pa p janm fini an e ki san enterè Bondye bay lan » k ap « pousuiv mwen, goumen jiskaske li jwenn mwen, l ap kite katrevendisnèf yo. » Refren an chante konsa :

Pa gen fènwa ou pa klere

Pa gen mòn ou pa ka monte

Vin dèyè m

Pa gen mi ou pa ka kraze

Lonje w, ou pa p kraze

Ou ap vin dèyè m.[18]

Irezistib, Pa p janm fini. Men kibò Bondye prale pou rive sou yon moun.

---

18. Gen kèk moun ki te eksprime enkyetid yo sou itilizasyon mo « temerè » a nan chan sa. Si li vle di ensousyan, li bay pwoblèm. Si li vle di odasye, siprenan, ak ekstra vagan, l'ap rapwoche de deskripsyon lanmou Bondye a.

VERITE A

Atravè lagras ki sove a, Jezi sove nou anba peche epi li mennen nou nan verite a ki rann nou lib lan.

3
LAGRAS KI SOVE A

Peche peye nou kach: li ban nou lanmò; men kado Bondye ban nou gratis la, se lavi ansanm ak Jezikri, Seyè nou an, yon lavi ki p'ap janm fini.
— Women 6.23

Yon jounalis espòtif te mande yon fwa pou Jack Niklaus, yon jwè gòlf selèb, idantifye pwoblèm ki pi kouran pou jwè gòlf amatè yo. Pandan m ap atann pou li di yon bagay sou yon mank antrennman oswa yon enkapasite pou byen kenbe jan yo ap frape boul la, mwen te sezi lè Niklaus te reponn: «Konfyans depase.» Yo panse yo pi bon pase jan yo ye vreman oswa yo ka fè plis pase sa yo ka fè vreman. Mwen panse mwen ka frape kou sa a nan mitan de pyebwa sa yo. Mwen petèt ka fè boul la pase anlè dlo a. Sa se konfyans depase.

Moun yo fè sa toutan. Yo estime kapasite yo plis pase sa yo kapab epi yo souzestime limit yo. Men, pwoblèm estime tèt ou depase an souvan rive nan domèn espirityèl. Nou estime fòs espirityèl nou depase epi nou souzestime feblès espirityèl nou.

Moralis

Tandans sa a pou estime tèt nou depase sou plan espirityèl rele moralis. Moralis la se kwayans nan pwòp jijman ou tout bagay anfòm sou plan espirityèl paske nou mennen yon lavi moral ki pwòp epi nou amelyore konpòtman nou. Nou ka di ankò, yon moralis se yon moun ki kwè li sove lè li fè byen epi evite fè mal.

Tout moralis yo di menm bagay. « Mwen pa Mè Tereza, men mwen pa move tou. Mwen chèche lavi ak onètete. Mwen ranbouse dèt mwen. Mwen pa p twonpe mari/madanm mwen. Mwen vote yon fason ki responsab. Mwen bay ti lajan ak pòv yo. Mwen pa yon fanatik espirityèl, men mwen pa move tou. » Nan lòt tèm, moralis yo swiv liy panse ki di yo Bondye ap konsidere nan Jou Jijman yo te fè plis byen pase mal, espesyalman lè yo konpare yo ak « lòt » moun yo (asasen an seri, vyolè, trafikan dwòg elatriye … ki pi move lontan. Moralis yo tout kote nan mond aktyèl la.

Nan lane 2004, òganizasyon Gallup te fè yon sondaj pou konnen sa ameriken yo panse sou paradi. Sa ki te atire atansyon mwen, se kantite moun ki kwè yo prale nan paradi : 77 pousan moun sa yo klase chans yo pou al nan syèl lan nan « bon » oubyen « ekselan. » Sepandan, daprè moun nou poze kesyon yo, sèl 6 zanmi yo sou 10 prale nan paradi. Sa ki plis enterese m selon yon opinyon moralizatè, se kantite moun yo kesyone yo ki kwè « gen yon paradi kote moun ki te mennen yon bon vi jiska lafen yo resevwa yon rekonpans etènèl. »[1] Mwen ensiste sou « yo te mennen yon bon vi » an pou montre pifò moun kwè yo prale nan paradi lè yo mouri akoz « bon vi yo » ak « konpòtman moral » yo.

Diana, Prennsès Gal, te mouri an 1997. Se te yon pèt trajik pou anpil moun nan mond lan. Atansyon medya ak dèy piblik la te konsiderab akoz popilarite entènasyonal li. Mwen sonje mwen t'ap koute moun ap pale de jan li rekonfòtan pou konnen ke Diana te nan syèl kounyea, ke li te yon zanj k'ap veye sou yo, e ke syèl la te yon pi bon plas pou li pase mond sa. Mwen p'ap fè sipozisyon ke Diana pa

---

1. Albert L. Winseman, « Eternal destinations », 25 me 2004, https://news.gallup.com/poll/11770/eternal-destinations-americans-believe-heaven-hell.aspx.

nan syèl, men mwen poze tèt mwen kesyon sou rezònman ki dèyè tout moun sa yo k'ap di li nan syèl la. Apati de tout sa mwen ka obsève, li te yon moun janti, ki gen konpasyon ki te itilize enfliyans konsiderab li pou byen. Li te travay ak pòv yo, li te yon defansè pou pasyan SIDA yo, e aktivis li te ede ogmante konsyantizasyon pou timoun ak jèn. Tout sa yo se bèl bagay pou yo rekonèt li pou yo, men èske se yo ki sove nou ? Èske lè ou bon oswa fè bon bagay sa mennen nan sali, syèl ak rekonpans etènèl ?

N ap viv nan yon epòk opinyon ki divèsifye pa rapò ak kesyon sa yo. Anpil moun kenbe ke Bondye bay pwen epi yon ti bonte fè anpil wout. Si nou ka sèlman konpile plis bagay nan kolòn « bon » an pase kolòn « mal » la, nan yon sèten fason, balans lan ap panche nan favè nou, epi bèl lavi nou ak efò onèt nou ap plis ke konpanse diferans lan. Sa se moralis.

Pawòl Bondye a klè sou pwen sa, men : se pa efò nou ki sove nou ; se pa bonte nou ki sove nou ; se pa entansyon nou ki sove nou. Se lagras ki sove nou, e lagras pa soti andedan nou. Lagras ki sove a soti nan Bondye nan pèsòn Jezi Kris.

Ekspyasyon an

Lakwa se petèt senbòl yo pi konen epi rekonèt nan mond lan jodia. Lè nou wè lakwa, nou sonje lavi ak lanmò Jezi pa krisifiksyon. Krisifiksyon se te fòm egzekisyon ki te pi orib epi penib lèzòm te janm envante. Pou rezon sa, yon moun nan premye syèk la t'ap twouve li dwòl pou wè moun modèn yo mete yon kwa nan yon chèn nan kou yo. Si jodi a nou wè yon moun mete yon ikòn yon chèz elektrik nan yon kou, nou t'ap panse sa etranj paske li reprezante yon mwayen pinisyon ak lanmò pou kriminèl. Se sa lakwa te ye pou moun nan premye syèk la. Se te wont epi dezagreyab. Se te desten kriminèl andisi ak ensije yo. Krisifiksyon te tèlman epouvantab ke yo te kreye yon mo pou eksplike li. Mo nou an anglè « atwòs » vle di literalman « nan kwa a. »

Lanmò pa krisifiksyon se te yon fason piblik pou mouri ki te dousman, angwasan. Pa te gen fè nwa. Yo te souvan moke epi pase nan betiz sila ki te krisifye yo. Foul k'ap gade a konn voye wòch epi ap ri sila yo ki pandye sou yon kwa ki t'ap desann dousman nan yon eta respirasyon pwofon, epi ki t'ap redi pou respire epi goumen pou pran souf. Yo te finalman mouri aksfizye paske pandan yo pandye a, poumon yo te gen difikilte pou kontinye fonksyone. Kèk fwa sa ta ka pran plizyè jou pou yon moun mouri finalman, apre sa yo pa't bay sila yo te krisifye yo yon antèman ki imen. Olye sa, yo te souvan kite yo pou zwazo pran chè yo. Apre ase tan te pase pou mò a sèvi kòm yon egzanp pou nenpòt moun ki ta defye Anpi Women an, yo ta desann li epi jete nenpòt sa ki te rete nan kadav la nan depo fatra vil la.

An nou pa bliye Jezi te krisifye sou yon kwa kriminèl, ki fè mwen di ke menm kounyea sa sanble vrèman patikilye: Kretyen yo deklare sa se bòn nouvèl. An reyalite, nou di se meyè nouvèl nou te janm tande. Mo Labib chwazi pou eksprime bòn nouvèl sa se «levanjil». Lakwa se levanjil nou—bòn nouvèl nou.

Nan rezime ki pi kout levanjil la nan Nouvo Testaman an, apòt Pòl te deklare, «Bagay mwen te moutre nou, se sa mwen menm mwen te resevwa. Se yo menm ki pi konsekan. Men yo: Kris te mouri ... » (1 Korent 15.3). Poukont li, sa pa bòn nouvèl, men apre sa, Pòl ban nou yon siyifikasyon teyolojik pou lanmò Kris la atravè yon pwopozisyon ki pwofondeman enpòtan «se poutèt» pou fè nou soti nan yon reyalite trajik nan listwa pou antre nan enpòtans remakab li pou pakou lagras nou: «ke Kris te mouri pou peche nou dapre ekriti yo» Lè yo ajoute «se poutèt» la, li vin tounen bòn nouvèl — pi bon nouvèl nou te janm tande.

Sou plan teyolojik, Ekriti a rele «mouri pou peche nou yo» ekspyasyon an. Ekspyasyon an te fèt atravè lakwa Jezi Kris la. Doktrin ekspyasyon an kòmanse nan Ansyen Testaman an. Jou Ekspyasyon an, ke yo rele tou Yom Kippur,² se te jou ki te pi sen nan ansyen Jidayis la. Li te deziyen kòm yon jounen repantans ak padon.

Imajine l nan lespri ou. Imajine plizyè milye moun k ap adore reyini ansanm pou kòmanse ane a pou peche yo ekspye epi pou raple mizerikòd Bondye. Nan jou sa, gran prèt la, ki reprezante tout pèp la, te pote de mouton. Yo te tiye — sakrifye yon mouton kòm yon ofrann pou peche pou fè ekspyasyon an. San an te koule, epi bèt la te mouri. Women 6.23 di nou ke « peche peye nou kach: li ban nou lanmò, » epi Ebre 9.22 fè nou sonje ke « si san pa koule, nanpwen padon pou peche yo. »

Premye bouk lan te mouri dapre lalwa. Men, yo te kenbe dezyèm bouk lan anvi e yo te rele li bouk emisè. Gran prèt la mete men li sou tèt bouk emisè a epi li te konfese sou li tout mechanste ak peche Izrayelit yo. Nan fason senbolik, peche sa yo te transfere epi plase sou tèt mouton an. Apre sa, yo te mennen l nan dezè a nan yon kote solitè kote li ta ka mennen peche moun yo lwen epi ki pa sou zye.³

Rityèl sa te kontinye ane apre ane, deseni apre deseni (gade Ebre 10.3-4). San te koule. Plizyè milye bèt te sakrifye nan yon sik ekspyasyon san fen pou peche moun yo. Sa se kontèks kote Jezi te viv epi fè ministè li. Anvan nou konsidere kijan lanmò Jezi sou lakwa a te fè ekspyasyon pou tout peche, ki fè lagras ki sove a yon posiblite, an nou konsidere dabò de kesyon fondamantal: Kisa peche ye? Poukisa nou bezwen ekspyasyon pou peche?

Kisa peche ye?

Dabò, peche se rebelyon. Petèt definisyon peche moun pi konnen an vini de John Wesley: « Yon transgresyon volontè yon lwa Bondye ou konnen. »⁴ Peche se yon bagay ke ou konnen epi ki

---

2. Yom = « jou; » Kippur = « ekspye; pirifye. »
3. Tradisyon an di nou ke moun ki te gen devwa pou relache bouk emisè a, se te yon payen ki pa't gen okenn koneksyon ak pèp Izrayèl la.
4. Wesley, 394. Gade Jak 4.17 tou.

volontè — yon bagay nou konnen ki pa bon men nou fè li kanmenm paske nou kapab. Se dezobeyisans volontè.

Lè 1 Jan 3.4 di nou ke «Tout moun ki fè peche, se dezobeyi yo dezobeyi lalwa Bondye, paske peche se dezobeyisans lalwa,» Li pa fè referans sèlman nan sans legal, tankou «ou vyole lalwa.» Sa gen pou wè ak atitid ki dèyè vyole lalwa a. Yon analoji ka ede nou konprann. Se yon bagay pou kondui nan vitès ki depase limit lan paske ou pa't konnen kisa limit vitès la te ye. Ou ta ka toujou vyole lalwa nan fason teknik, men ou p'ap aji nan fason anachik. Sa diferan anpil de yon moun ki di, «Bliye règleman limit vitès estipid sa yo. Yo la sèlman pou eseye kontwole mwen. M'ap fè sa'm vle paske mwen responsab pou lavi mwen.» Dezobeyi lalwa se atitid rebelyon kont lalwa — vyole — yon lespri rebelyon.

Lè pitit fi ki pi piti mwen an te piti, li pa't renmen lè li dwe reponn gran sè ak frè li a lè Manmi ak Papi pa la. Lè madanm mwen ak mwen kite yo ansanm pou kont yo, pitit ki pi piti nou an leve ti vwa li epi li di frè ak sè'l yo, «Nou pa patwon'm!» Byenke sa di ak inonsans yon timoun piti, se atitid prensipal peche : souverènte pèsonèl. Peche antanke rebelyon ap souke ti pwen nou nan fas Bondye toupuisan an epi l'ap kriye : «Ou pa patwon mwen! M ap fè li nan fason pa'm paske mwen kapab! Pèsonn apre mwen menm, pa menm Bondye, p'ap responsab lavi mwen.»

Se refize aksepte wòl nou antanke kreyati ak Kreyatè nou an. Se yon deklarasyon endepandans pou nou pwòp dye pa nou. Atitid sa ki se souverènte pèsonèl sa pa siprann ekriven Ekriti yo. «Nou te tankou mouton ki te pèdi bann, chak moun bò pa yo. Men, chatiman ki pou te tonbe sou nou an, Seyè a fè l' tonbe sou li» (Ezayi 53.6) Peche se rebelyon.

Dezyèman, peche se esklavaj tou. Li se plis pase souverènte pèsonèl ak chwa pou nou fè pwòp bagay nou epi mache nan pwòp wout nou. *Hamartia* se yon mo Grèk yo tradui kòm peche ki soti nan vèb *hamartano*, ki vle di « rate pwen an » oswa « tire sou yon sib ki rate l. »[5] Byenke se Aristote ki te itilize l pou premye fwa, patikilyèman pou fè referans ak yon pèsonaj prensipal ki soti nan mond teyat Grèk ansyen an (tankou move jijman, inyorans, mank konesans, elatriye), yo site li tou kòm trajedi, premye ekriven ak moun k'ap panse nan legliz yo te chwazi mo a pou dekri aspè peche sa. Kidonk, biblikman *hamartia* ka vle di yon aksyon komisyon: « Mwen konnen mwen pa dwe fè sa, men mwen fè li kanmenm » (gade Women 6.1–2); oswa li ka vle di yon aksyon omisyon: « Mwen konnen kisa mwen te sipoze fè, men mwen pa't fè l » (Women 7.19; Jak 4.17). Toulede peche komisyon ak omisyon yo rate pwen an.

Men kijan li ta ka jwe nan mond biznis lan. Sou yon kote, mwen vle Bondye beni biznis mwen, men mwen vle garanti tou ke biznis mwen an reyisi. Kidonk, mwen kòmanse fè kèk bagay an sekrè pou eseye epi avanse, menm si m konnen yo pa etik oswa legal. Espwa mwen nan konfli ak aksyon mwen epi yo pa konpatib. Mwen pa ka mande Bondye beni travay mwen pandan mwen konnen mwen pa nan volonte moral Bondye a. Sa se yon peche komisyon. Sa ka fè mwen avanse pandan yon sezon, men sa p'ap genyen favè Bondye. Lòt bagay la sèke mwen vle pou Bondye pwospere travay mwen, men mwen deside kenbe avantaj ak benefis ki jis anplwaye yo pou ogmante benefis mwen. Sa se yon peche omisyon. Men, ke peche a se konnen sa mwen pa ta dwe fè epi fè li kanmenm, oswa konnen kisa mwen ta dwe fè epi pa fè l, toulede se menm bagay nan zye Bondye.

Hamartia ka vle di tou yon bagay ki pi pwofon. Plis pase yon aksyon nou fè, peche se nati nou — yon kondisyon kote nou retwouve tèt

---

5. William Barclay, *The Gospel of Matthew, vol. 1* (Louisville, KY: Westminster John Knox Press, 1956), 253. Gade tou H. G. Liddell, *A Lexicon: Abridged from Liddell and Scott's Greek-English Lexicon* (Oak Harbor, WA: Logos Research Systems, Inc., 1996), 4.

nou.[6] Nou benyen nan peche. Nou pa sèlman rebèl pa nati, men nou pa lib tou pou'n aji otreman. Pa sèlman nou rate pwen an, men nou pa t'ap ka frape pwen an tou si nou te eseye. Antanke pèp ki dechi, nou pa lib pou fè sa nou swete. Nou prizonye peche.

Nou souvan panse rebelyon nou vle di ke pèsonn p'ap responsab lavi nou si se pa nou, men sa nou mal konprann sèke nou pa oblije fè chwa sa. N'ap sèvi yon moun oswa yon bagay. Swa n'ap sèvi Bondye ak tout kè nou, oswa n'ap esklav pasyon nou yo ak konpòtman pechè nou. Youn oswa lòt ap mèt nou.

An nou onèt ak tèt nou : peche ka amizan. Si li pa't amizan, li pa t'ap tante nou. Si li pa't agreyab, li pa t'ap atire nou. Petèt nou ta dwe sispann di moun konbyen yo pral rayi peche e nan ki pwen sa ap vrèman annwiyan. Se pa yon agiman ki konvenkan. Peche ka amizan—pou yon ti moman. Men, pi ta, wout kote peche toujou mennen an se destriksyon. Konsekans (salè) peche se sa'k fè mal. Peche se yon sik visye.

Fè fèt ka amizan. Kote li ka mennen pa amizan. Tafyatè pa amizan. Kagou pa amizan. Alkowolis pa amizan. Adiksyon pa amizan. Sant dezentoksikasyon pa amizan. Aksidan sikilasyon pa amizan. Abi konjwen pa amizan. Fanmi ki pa fonksyonèl pa amizan. Peche se yon sik visye ki mennen nan destriksyon ki fè mal.

Fè sèks deyò maryaj ak yon moun ka amizan. Kote li ka mennen pa amizan. Yon konsyans koupab pa amizan. Maladi seksyèlman transmisib pa amizan. Divòs pa amizan. Brize kè yon moun pa amizan. Gade pitit ou nan zye epi di yo poukisa w'ap kite manman

---

6. Pèp sen wèsleyan — yo konprann ke peche enplike plis pase yon aksyon ou fè. Susanna Wesley yo rekonèt pou deklarasyon li te ekri nan yon lèt bay John nan dat 8 jwen 1725 : « Pran prensip sa a : nenpòt sa ki afebli rezon ou, diminye tandrès konsyans ou, vwale sans ou gen de Bondye, oswa retire gou ou pou bagay espirityèl ; pou rezime, nenpòt sa ki ogmante fòs ak otorite kò ou sou lespri ou, bagay sa se peche pou ou, nenpòt jan li ka inonsan nan li menm. »

oswa papa yo, sa pa amizan. Peche se yon sik visye ki mennen nan destriksyon ki fè mal.

Istwa remakab Jezi a ki pale de fis pwodig la se yon egzanp prensipal de sik peche (gade Lik 15.11-24). Yon pitit gason rebèl deside li vle anchaj pwòp lavi li. Li di papa l li vle eritaj li alavans (ekivalan nan premye syèk yo pou di li swete papa l te mouri), li pran tout pochèt lajan an, epi li depanse tout nan yon lavi sonptye epi sovaj. Li renmen stildevi a — pandan yon ti moman. Apre sa, lajan li a disparèt, kidonk zanmi li yo. Pitit gason an retwouve l nan yon kote li pa't janm reve li t'ap ye : brize, imilye, epi ap viv nan yon pak kochon. Peche se yon sik visye ki mennen nan destriksyon ki fè mal.

Petèt se sa Jezi te vle di lè li te di, « Antre nan pòt jis la. Paske, pòt ki laj la, chemen ki fasil la ap mennen nou tou dwat nan lanmò. Gen anpil moun ki pase ladan li. » (Matye 7.13).

Sa se gran konba kont nati pechè nou : jiskaske nati nou chanje, nou pral renmen peche plis pase nou renmen Bondye paske nou esklav peche — anba kòd puisans li.[7] Okenn kantite bon entansyon oswa travay di, okenn moral imen, pa pral libere nou konplètman. Peche se esklavaj.

Finalman, peche se izolman. « Izolman » se pa yon mo nou itilize souvan, men lè nou fè sa, nou fè li pou endike ke yon bagay ale mal nan yon relasyon. Peche pa sèlman vyole yon règ oswa vyole yon lwa ; li domaje yon relasyon tou. Peche separe moun ak Bondye epi youn ak lòt. Nan premye zak yo te anrejistre kòm peche, zansèt espirityèl nou Adan ak Èv te dezobeyi Bondye. Lè yo te fè sa, yo te konnen imedyatman te gen yon bagay ki brize nan relasyon yo ak Bondye epi youn ak lòt. Zye yo te louvri, epi yo te reyalize yo te toutouni. Sa vle di plis pase yon rekonesans ke yo pa te gen rad sou yo. Yo te santi

---

7. Geoffrey Bromiley siyale reyalite enteresan ke Bib la souvan « pèsonifye » peche pou mete aksan sou pouvwa ak kontwòl peche ka genyen sou lavi nou. Bromiley, *A Theological Dictionary of the New Testament* (Grand Rapids: Eerdmans, 1985), 4.

yo wont epi vilnerab; yo te santi yo fèb epi alyene; yo te santi yo te ekspoze. Jiska moman sa, yo te konnen kominyon nan lanmou ak Bondye sèlman, men nan moman peche yo, yo te santi separasyon ak Bondye a. Yo te santi detachman an. Kominyon yo a te brize, e sa te peze sou nanm yo. Yo te santi kilpabilite tout pwa peche yo. Pou defann tèt yo, yo te fè yon bagay ki revele anpil bagay: yo te eseye kouvri nidite yo epi kache de Bondye. Èske w janm eseye kouvri kilpabilite ou oswa kache peche ou de Bondye?

Bondye te konnen kominyon yo te brize, e nan youn nan kont ki gen plis tandrès nan tout Ekriti yo, Bondye te rele yo, « Kote ou ye? » (Jenèz 3.9). Kounyea, èske Bondye pa't konnen vre kote yo te ye? Èske yo te tèlman fè yon bon travay pou kache dèyè pye bwa yo ke Bondye pa't ka jwenn yo? Èske ou janm jwe lago kach kach ak yon timoun twa zan? Asireman Bondye konnen ki kote yo te ye! Men, li te vle yo konnen li te santi separasyon an tou.

Nonm nan te reponn, « Mwen tande vwa ou nan jaden an, mwen pè. M al kache pou ou, paske mwen toutouni. » (3.10). Sa se premye fwa laperèz te mansyone nan Bib la. Èske w wè kisa peche fè? Peche pote laperèz ak kilpabilite ak wont. Peche pote izolman, kondanasyon ak separasyon. Peche fè zanmi tounen lènmi. Peche chanje entimite an ostilite. Peche brize kominyon.

Sa se sitiyasyon difisil nou. Peche se rebelyon. Peche se esklavaj. Peche se izolman. Kijan n'ap janm rive fè tout sa byen ankò? Kisa nou sipoze fè ak tout peche sa yo?

Kite m raple ou ankò de pi bon nouvèl n'ap janm tande: « Bagay mwen te moutre nou, se sa mwen menm mwen te resevwa. Se yo menm ki pi konsekan. Men yo: Kris te mouri pou peche nou, dapre sa ki ekri nan liv la. Yo te antere l', li te leve soti vivan sou twa jou apre l' te fin mouri, jan sa te ekri nan liv la tou. » (1 Korent 15.3-4). Sa se lanmou siprèm, lanmou ki bay tèt li. « Sou pwen sa a, Bondye moutre nou jan li renmen nou anpil; paske nou t'ap fè peche toujou lè Kris la mouri pou nou. » (Women 5.8). Pandan nou te toujou ap fè peche, Kris te mouri pou nou kanmenm. « Kris la pa t' janm fè okenn peche, men Bondye fè l' pran sò nou sou li, yo trete l' tankou yon moun ki fè peche. Konsa, lè nou fè yon sèl kò ak Kris la, Bondye fè nou gras. » (2 Korent 5.21). Sa se lagras ki sove a.

Yo bay refòmatè pwotestan Martin Luther kredi ki rele sa « gran twòk la. » Lanmò nou pou lavi li; peche nou pou jistis li; kondanasyon nou pou sali li; echèk nou pou siksè li; defèt nou pou viktwa li. Ekspyasyon an se aksyon trinitè Bondye ki brize tout baryè ke rebelyon nou ak peche te bati ant nou. 'Men kisa renmen an ye: Se pa nou menm ki te renmen Bondye, se li menm pito ki te renmen nou, ki te voye Pitit li a pou nou te ka resevwa padon pou peche nou yo, gremesi Pitit la. » (1 Jan 4.10).

Kisa sa vle di? Ekspyasyon an te nan kè Bondye pandan tout tan. Tout anyo, tout prèt, ak tout sakrifis nan tanp lan te endike nou, dirije nou sou Jezi ki te vin tounen gran Gran Prèt nou an, e ki te vèse pwòp san li pou padon peche nou yo. N. T. Wright eksprime l byen: « Nan tout Nouvo Testaman an, yo konsidere lanmò sa kòm yon ak lanmou, alafwa lanmou Jezi li menm (Galat 2.20) ak lanmou Bondye ki te voye li e ki te ekspresyon pèsonèl fizik li (Jan 3.16; 13.1, Women 5.6–11; 8.31–39; 1 Jan 4.9–10). »[8] Bondye Papa a, te voye Kris Pitit li, ak pouvwa Sentespri a, pou fè pou nou sa nou pa t ap jan ka fè pou tèt nou.

Jezi wete peche — pase, prezan ak fiti nou yo. Bondye pa sonje yo ankò. « Menm jan kote solèy leve a byen lwen ak kote solèy kouche a, se konsa li wete peche nou yo, li voye yo jete byen lwen nou. » (Sòm 103.12) Lanmò Jezi sou lakwa a brize pouvwa peche nan lavi nou. Lè nou te esklav peche, nan esklavaj « nou t'ap swiv move kouran pouvwa ki nan lè a, » (Efèz 2.2) ak « dye mond sa » (2 Korent 4.4). Atravè

---

8. N. T. Wright, *Evil and the justice of God* (Downers Grove, IL: InterVarsity Press, 2006), 9.

lanmò li sou lakwa, Jezi te antre nan konba mòtèl ak fòs demonyak yo epi li te triyonfe yon fwa pou tout.[9] Li te brize pouvwa lanmò, lanfè, ak tonbo. Ak viktwa Kris sou lakwa a, nou pa nan lonbraj peche ankò; nou anba manto lagras la epi nou libere potansyèlman (gade plis nan chapit 4 la sou lagras ki sanktifye a).

Akoz ekspyasyon Jezi a, nou te rekonsilye ak Bondye. Li te pran izolman nou. Distans ki te nan mitan nou an te fèmen. Abim nan te franchi. Jezi se lapè nou ki te kraze tout miray (Efèz 2.14). Vwal tanp lan te dechire (Matye 27.51). Li te retire kilpabilite ak lawont ak krent pou pinisyon nou. Amitye nou ak Bondye te restore. « Men koulye a, nan Jezikri, nou menm ki yon lè t'ap viv lwen Bondye, nou vin toupre l', gremesi san Kris la ki koule lè li mouri pou nou an. » (Efèz 2.13). Sa se lagras ki sove a.

Èske ou gen yon ide sou kijan Bondye renmen ou? Papa a te pran peche ak kilpabilite nou sou pwòp kè li atravè Pitit la. Menm si peche nou yo anpil epi lou, ke pi piti a se idolatri pou pouswiv lòt dye, Bondye Trinitè nou an rachte nou, fè nou yon nouvèl kreyati, epi adopte nou nan fanmi li. Se poutèt sa padon pa yon kesyon frivòl! Nenpòt moun ki di, « Asireman Bondye ap padone m — se travay Bondye » pa't janm konprann doulè pwofon ki asosye ak pote peche yon lòt moun ki te brize kè ou. Te gen yon kwa nan kè Bondye depi tout letènite. Bondye Papa a, nan sèl Pitit li a, Jezikri, pa Lespri a, te

---

9. Yo rele Kwayans ke sou lakwa Jezi te genyen laviktwa sou pouvwa mal LA, Christus victor teyori ekspyasyon. N. T. Wright, kòmante « Mwen enkline pou wè tèm Christus victor, viktwa Jezi Kris sou tout pouvwa mal ak fènwa yo, antanke tèm santral nan teyoloji ekspyasyon an, ke tout lòt siyifikasyon ki varye sou lakwa yo jwenn nich patikilye yo. » Wright, *Evil and the Justice of God* (Mal ak Jistis Bondye), 114. Kontrèman, Fleming Rutledge fè yon ka solid ke tout sijè ekspyasyon biblik yo fonksyone ansanm pou fòme yon bèl arsanm pou konprann pwofondè ak mistè lakwa a. « Fason ki pi reyèl pou resevwa levan il Kris krisifye a se kiltive yon apresyasyon ki pwofon pou fason motif biblik yo entèraj youn ak lòt epi agrandi youn ak lòt, Okenn imaj pou kont li pa ka fè yon ansanm jistis tout se pati yon gran trajedi sali. » Rutledge, *Crucifixion* (Grand Rapids: Eerdmans, 2015), 6–7.

bay yon mwayen pou sali. Jezi te antre nan objektif Papa a nèt. Li te bay lavi li nan fason volontè pou nou. Sila ki san peche a pou pechè yo. Inosan an pou koupab yo. Anyo san tach Bondye a te vini pou viv lavi nou ta dwe viv la, e li mouri lanmò nou te merite mouri a.

Lavi, lanmò, ak rezireksyon Jezi fè tout bagay nouvo. Pa gen anyen ki pi enpòtan pase verite sa. Li se sant istwa lèzòm ak fondasyon lafwa nou. San Jezi, pa gen padon peche, pa gen lavi etènèl, epi pa gen relasyon ak yon Bondye ki bon, sen, epi ki renmen. Ou ka pini tèt ou pou tout tan nan regrè pou peche ou yo. Ou ka kraze lespri ou pou eseye fè lapè ak Bondye, men sèl mwayen w'ap fè eksperyans redanmsyon ki konplè ak lapè ki dirab la se lè ou reyalize ke sèl espwa ou se Jezi.

Nou resevwa kado lagras ki sove a lè nou kwè nan Bondye. Nou lage tèt nou nan mizerikòd Bondye epi mete lafwa nou nan Kris sèlman. Nou gen konfyans nan viktwa li te genyen sou lakwa a; nou gen konfyans ke kilpabilite peche nou anile; nou gen konfyans ke anpriz lanmò peche a brize; konsyans nou klè; nou jwenn inyon ak Bondye.

Gen de fason pou wè ekspyasyon an. Ou ta ka di, « Si Bondye se lanmou, èske nou bezwen ekspyasyon ? » Yon lòt kote, nou ta ka di, « Bondye ekspye peche nou yo — ala yon lanmou ! »

Kijan lagras ki sove a fonksyone

Pòl di yon Kretyen se yon moun ki pase pa yon chanjman katastwofik. Efèz 2.1-10 dekri transfòmasyon dramatik la—soti nan esklavaj nan peche pou rive nan libète nan Kris—sa fèt lè yon moun kwè nan Kris, kidonk li sove. Se yon moun ki te soti nan lanmò pou pase a lavi, nan esklavaj pou pase nan libète, nan kondanasyon pou pase nan akseptasyon, nan izolman pou pase nan adopsyon. Kounyea, nan vèsè 8 rive nan 10, Pòl di nou kijan nou soti la pou ale la — kijan nou vin yon Kretyen reyèlman. Se yon pwosesis natirèl ki gen twa pati : nou sove pa lagras, ki mennen nou nan lafwa, ki pwodui bon zèv. Sa se ekwasyon an, e lòd la enpòtan anpil. Si nou pran lòd la mal, nou twonpe nou.

Nou sove pa lagras. Nou te gade siyifikasyon lagras la lajman nan chapit 1 an. Li bon pou nou sonje ke lagras se toujou kòmansman an. Lagras toujou an premye. Lagras reveye nou, chanje nou, epi mete nou nan bon relasyon ak Bondye epi ak youn ak lòt. Anpil moun panse yo se kretyen akoz sa yo te fè; yo sipoze tout sa yo gen pou fè se vin yon bon moun epi swiv ansèyman Labib epi Bondye ap beni yo. Sa se pa lagras — sa se moralis. Pa gen levanjil nan mete espwa nou nan kisa nou ka fè. Sali nou se pa anyen nou fè. Sa konsène kisa Bondye fè. Revèy nou, vitalite nou, se tout sa Bondye fè. Nou pa sove pa sa nou fè pou Bondye; nou sove pa sa Bondye fè pou nou. Se yon kado total.

Mwen te tande yon istwa sou yon etidyan nan seminè ki t'ap prepare pou pran egzamen final li. Lè li te rive nan salklas la, tout moun t'ap bourade nan dènye minit yo. Pwofesè a te antre nan salklas la, epi li te anonse t'ap genyen yon revizisyon kout anvan egzamen an. Pifò nan revizyon an te soti dirèkteman nan gid etid la, men te gen anpil lòt materyèl ke pèsonn pa't prepare pou yo. Se te yon sipriz ki pa't agreyab pou klas la. Lè yon moun te poze pwofesè a kesyon sou lòt materyèl la, li te eksplike tout te antre nan lekti yo epi yo t'ap responsab pou tout. Li te difisil pou diskite ak lojik la.

Finalman, lè a te rive pou pran egzamen an. Pwofesè a te di, « Kite egzamen an fas anba sou biwo ou jiskaske tout moun gen yon egzamen. M ap di nou kilè pou kòmanse. » Lè elèv yo retounen fèy yo, nan gran etònman yo, chak repons nan tès yo te gen tan ranpli. Menm non yo te ekri anlè an wouj. Anba dènye paj la li te ekri, « Sa se fen egzamen an. Tout repons nan tès la kòrèk. W'ap resevwa yon A. Rezon ki fè w pase tès la sèke kreyatè tès la te pran tès la pou ou. Tout travay ou te fè nan preparasyon an pa't ede ou fè A. Ou te eksperimante lagras. »

Tim Keller rakonte istwa yon konvèsasyon ak yon ti granmoun fi ki konn vizite legliz li a tanzantan. Li te kokèt epi kòrèk — gen kèk moun ki ta di desan epi moral. Li te pran lè awogan li nan nenpòt ti bagay ki pa apwopriye oswa endiskresyon, kidonk li pa t konvenk ke yon moun te dwe sove de okenn bagay si li te yon bon moun. Pandan konvèsasyon Keller a avèk li, li te di ak enkredilite, «Kounyea, di mwen si m byen konprann. Ou ap di'm konsa si mwen mennen yon lavi ki bon epi ki desan, e menm si m'ale legliz, men mwen pa janm resevwa Kris kòm Sovè mwen, mwen pa ta pi bon pase yon lòt moun ki te komèt asasina? Èske se sa ou ap di?»

Keller te reponn, «An prensip, wi.»

Li te replike, «Sa se relijyon ki pi stipid mwen te janm tande!»

Keller te reponn li pou sa, «Bon, petèt ou panse se relijyon ki pi stipid ou janm tande, men pou asasen sa ki repanti a, se pi bon bagay li te janm tande. Ansyen asasen sa pa ka kwè gen yon relijyon ki konsève lespwa pou yon moun tankou li.»

Byenke istwa a yon ti jan ekstrèm, li fè yon pwen ki enpòtan. Dam kokèt epi kòrèk epi moral sa, ki asire nèt ke li pi bon pase pifò moun e ki panse esans levanjil la ensiltan, si se pa stipid, sou anpriz lachè nan li menm.»[10] L'ap eseye desan epi entèg, men l'ap eseye fè sa nan fason ki endepandan de konfyans nan Kris pou sali li. Sa se yon pyèj iminan de jistis pèsonèl. Dietrich Bonhoeffer, ki te rekonèt gwo danje sa, dekri ak metriz atitid yon Kretyen anbrase pa lagras: «Kretyen yo se moun ki p'ap chèche sali yo, delivrans yo, jistifikasyon yo nan tèt yo ankò, men nan Jezikri sèl. Yo konnen Pawòl Bondye a nan Jezikri pwononse yo koupab, menm lè yo pa santi anyen sou pwòp kilpabilite

---

10. Pou yon eksplikasyon sou kisa «lachè» vle di, gade chapit 4 la, «Gras ki sanktifye a.»

yo, e Pawòl Bondye sa nan Jezikri pwononse yo lib epi jis menm lè yo pa santi anyen nan pwòp jistis yo. »[11]

Nou pa t konprann levanjil la jiskaske nou konprann akseptasyon Bondye pou nou pa baze sou kisa nou te fè oswa sa n'ap janm fè. Li fonde estrikteman sou nati ak karaktè Bondye pou voye Jezi nan mond lan, pou mouri pou peche mond lan, epi pou resisite pou sali nou.

Nou sove pa lagras. Apre sa Pòl di, gras mennen nou nan lafwa. Kisa lafwa ye? Lafwa se prensipalman yon konesans ak yon repons ak sila ki te reveye nou an.[12] Men sa ki enpòtan anpil pou konprann: lafwa ki sove nou se lafwa nan Kris. Lafwa kretyen se pa lafwa jeneral nan kèk prensip. Se lafwa ke vrèman gen yon ti bebe ki te fèt sou Planèt Tè a ki te Bondye nan lachè, ki te mouri reyèlman sou yon kwa, epi ki te reyèlman leve soti nan lanmò. Pòl te vrèman kategorik sou pwen sa: « Si Kris la pa te leve soti vivan nan lanmò, mwen menm mwen pa ta gen anyen pou m' anonse nou, epi nou menm, nou pa ta gen anyen pou nou kwè. Si Kris la pa te leve soti vivan nan lanmò, sa nou te kwè a pa ta vo anyen, paske nou ta toujou ap viv nan peche nou yo. » (1 Korent 15.14, 17). Si Jezi pa't mouri pou peche nou yo epi li pa't vrèman leve soti nan lanmò, lafwa nou pa anyen plis pase rezònman sajès, oswa moralis, deyis ki ka geri.[13] Lafwa nan jeneralite yo initil.

Si Pòl te vivan jodia, li ta ka di li konsa: *Si Jezi pa moun li di li ye a, si li pa Pitit Bondye ki vin imen an, si li pa't mouri vre sou lakwa pou sali*

---

11. Dietrich Bonhoeffer, *Life together* (New York: HarperCollins Publishers, 1954), 21–22.

12. Mwen gen redevans a yon mesaj Tim Keller te preche pou definisyon sa a men mwen pa ka sonje ki mesaj li te ye.

13. « Deyis moralis ki geri » se yon fraz Christian Smith ak Melinda Lundquist Denton pou dekri adolesan Ameriken nan tounan venteyinyèm syèk la, ak kad kiltirèl ki soti nan fason moun pòs modèn yo reflechi sou Bondye. Smith ak Denton, *Soul Searching* (New York: Oxford University Press, 2005).

nou, si li pa't leve fizikman soti nan lanmò, si li pa't monte nan syèl vre epi chita adwat Bondye Papa a, alò an nou sispann fè jwèt legliz. Okenn nan prensip yo pa fè sans nan yo menm. Lafwa nan lafwa? Lafwa nan jeneralite? Non. Paske lafwa nan verite ak lafwa nan lanmou ak lafwa nan jistis p'ap chanje nou oswa ba nou nouvo lavi. Se lafwa nan Jezi. Nou pa sove pa zèv nou, bonte nou, oswa prensip nou. Nou sove akoz Kris e sèlman Kris. Lafwa nan li se sa ki enpòtan paske li se sèl espwa nou.

Apre sa, lafwa pwodui bon zèv. Bon zèv pa sove nou — pa menm yon ti kras. Men, bon zèv soti nan lafwa nou. Li enposib pou nou di nou te resevwa gras Bondye epi nou gen vrè lafwa biblik la si pa gen anyen ki diferan nan lavi nou. Labib la pratik sou pwen sa a. Se lagras ki sove nou, men si pa gen yon bagay ki vrèman pase nan karaktè konkrè ak konpòtman aktyèl nou, alò, se pa vrè lafwa a. Paske, alòske lagras mennen nan lafwa, lafwa mennen nan bon zèv. « Se Bondye ki fè nou. Nan Jezikri li kreye nou pou nou ka fè anpil bon zèv nan lavi nou, dapre sa li te pare davans pou nou te fè. » (Efèz 2.10).

Kretyen yo se ouvraj Bondye. *Poiema* se mo Grèk pou « sa li fè de nou, » oswa « ouvraj. » Mo sa se rasin mo Anglè « powèm » Kretyen yo se *powèm* Bondye sèlman — zèv ar Bondye Ar bèl, ar presye, epi ar se yon ekspresyon èt ki andedan yon atis. Kisa sa vle di pou Pòl lè li di ke Kretyen yo se ouvraj Bondye? Nan Kris, yo wè nou bèl, yo pèsevwa nou kòm presye, e nou kreye pou nou yon ekspresyon Kreyatè a, Atis Diven an.

Men, nou se yon zèv ar peche te gache epi degrade. Èske w janm wè yon chedèv ki gache — èv metrès yon atis ki degrade? Nan yon sèten fason, bote orijinal chedèv la fè l yon pi gwo trajedi pou gade l ki wine. Si yon timoun pran yon kreyon epi fè desen sou amwa kwizin yo, sa pa parèt byen. Men, li pi mal toujou si yon espre anti vandal — fè grafiti sou yon tablo *Mona Lisa* Leonardo da Vinci.

Grandè ak rate sa ki te degrade a detèmine nivo trajedi ak nivo terè ki nan repons nou.

Plizyè ane de sa, mwen te gen opòtinite pou vizite Wòm. Mwen te enpasyan pou wè Pietà nan Bazilik Sen Pyè. Mwen te konnen li te grave pa Michelangelo apati de yon sèl blòk mab (sèl pyès yo rekonèt Michelangelo te siyen pèsonèlman), mwen te vle etidye li fizikman. Mwen te dezapwente lè'm dekouvri li te fikse nan yon bon distans pa rapò ak vizyon piblik la, dèyè kòd epi pwoteje pa yon pano anti bal. Poukisa prekosyon sa yo? Paske an 1972, nan jou dimanch Lapantkot la, yon jewològ ki gen ti pwoblèm mantal te deklare li se Jezi te atake eskilti a ak yon mato. Patisipan yo te ramase anpil nan moso mab yo ki te vole. Yo te retounen kèk, men gen kèk ki pa't retounen, ki enkli nen Mari, ke yo te rekonstui pi ta apati yon moso mab yo te koupe nan do li. Italyen yo ansanm ak rès mond lan te devaste. Kijan li t'ap janm ka restore pou li vin gen bote orijinal li? Yo te chèche atis mèt nan mond lan ki spesyalize nan restorasyon. Apre anpil tan, konpetans, konesans, travay ak entansite, pwojè restorasyon an te fini.[14] Pa gen anpil moun ki te ka rekonèt ke li te janm gen domaj.

Se sa Bondye fè pou chak moun li sove pa lagras. Nou se chedèv li, èv mètrès li renmen anpil, e li p'ap kite domaj peche gen dènye mo a. Pou pwouve valè nou, Bondye pa sèlman refè nou nan imaj Jezikri, men li ba nou travay pou nou fè tou nan mond li a. Nou fè travay sa paske Bondye te retravay nou. Lè nou konnen sa jouk nan zo nou, lè nou konprann li vre, nou pa ka janm di ankò bon zèv nou sove

---

14. Yon atik *New York Times* detaye yon gwoup jounalis yo te otorize grenpe sou echafodaj la epi enspekte deprè eskilti ki restore a anvan piblik la wè l. « Rekonstriksyon vwal, bò zye, nen, bra ak men ki te domaje yo te parèt irepwochab, sof kèk ti liy ki te vizib sèlman lè w gade deprè. Pa't gen diferans ki vizib nan koulè pati ki repare yo ak mab ki antoure sifas eskilti a. 'Nou te travay tankou dantis,' Deoclecio Redig de Campos te deklare. » Paul Hoffman, « Restored Pieta Show » *New York Times*, 5 janvye 1973, https://www.nytimes.com/1973/01/05/archives/restored-pieta-shown-condition-near-perfect-marks-on-marys-cheek.htm

nou. Moralis pa ka janm pi bon repons nou ankò. Bon zèv nou yo se sou — pwodui de sa Bondye te fè nan nou. Yo reflete laglwa Bondye, se pa glwa nou.

Mwen apresye apèsi Eugene Peterson ofri nan parafraz li sou ekwasyon lagras Pòl la :

> Kounyea Bondye genyen nou kote li vle nou, ak tout tan nan mond sa ak pwochen mond lan pou simen gras ak bonte li sou nou nan Jezikri. Sali se ide li nèt, ak travay li nèt. Tout sa nou fè se fè l konfyans ase pou kite li fè sa. Se kado Bondye depi nan kòmansman jiska lafen. Nou pa jwe pi gwo wòl la. Si nou te fè sa, gen chans pou nou ta ale fè lwanj ke nou te fè tout bagay la ! Non, nou pa ni fè ni sove tèt nou. Bondye fè toulede, li fè epi li sove. Li kreye nou chak pa Kris Jezi pou reyini ak li nan travay li fè a, bon zèv li te mete prè pou nou fè a, zèv nou gen enterè fè a.

Bondye nan Kris sove nou nan kondanasyon, jijman, ak lanfè.

Bondye nan Kris rachte nou, e nou rekonsilye konplètman.

Bondye nan Kris jistifye nou, ki fè sa ki te mal vin byen.

Bondye nan Kris refè nou, e nou refèt ankò.

Bondye nan Kris adopte nou nan fanmi li.

Nou pa sove paske nou mete lafwa nou nan yon doktrin. Nou pa sove pa bon kwayans nou. Nou sove paske yon bagay ki soti deyò — oswa, pou di pi byen, yon moun — te antre nan nou. Nou refèt nèt tou se meyè fason ekriven Levanjil yo ka reflechi pou dekri li pou konpare li ak refèt ankò. Ekriven Ebre yo dekri li tankou eksperyans lè yo rale nou soti nan yon fòs. Nou te nan esklavaj, e kounyea nou lib. Nou pa esklav laperèz ankò. Nou vin tounen pitit Bondye. Anvan, nou te deyò fanmi Bondye a, e kounyea nou se manm menm san nan fanmi Bondye a. Nou jistifye devan Papa a, ki vle di bagay yo antre nan plas yo.

An nou pa janm bliye ke sali nou soti deyò, pa andedan nou. Nou pa sove paske nou bon ; nou sove paske Bondye bon. Se sa sali ye.

Bondye fè yon bagay pou nou nou pa't ka fè pou tèt nou. Sa se gras ki sove a.

Kounye a nou vire vè sa chedèv yon lavi ki renouvle nan Kris ka tounen konplètman pa kado lagras ki sanktifye a.

△□○
LAVI A

Atravè **lagras ki sanktifye a,** *Lespri Sen an ban nou kapasite pou viv yon lavi ki konsakre nèt pou Bondye.*

Atravè **lagras ki pote soutyen an,** *Lespri Sen an kowopere ak nou pou pèmèt yon lavi ki fidèl epi disipline ke nou resevwa nan sèvis Bondye.*

Atravè **lagras ki sifi a,** *li rann pouvwa Bondye pafè nan feblès nou.*

4
LAGRAS KI SANKTIFYE A

Mwen mande Bondye ki bay kè poze a pou l' fè nou favè pou nou viv pou li nèt ale. Konsa, lè Jezikri, Seyè nou an, va vini, li p'ap jwenn nou ak ankenn defo, ni nan kò nou, ni nan lespri nou ni nan nanm nou. Bondye ki rele nou an va fè sa pou nou, paske li toujou kenbe pawòl li.
—1 Tesalonik 5.23–24

Dapre John Wesley, kat doktrin ki pi enpòtan nou jwenn nan Ekriti a se peche orijinèl, jistifikasyon pa lafwa, nouvèl nesans, ak sentete andedan ak deyò.

Jistifikasyon se te yon gran ekspresyon nan Refòm Pwotestan an, ki te vini anvan Wesley, de san zan apeprè. Refòmatè yo, ki enkli Martin Luther, te pwoklame ke nou jistifye ak Bondye pa lafwa sèlman.[1] Wesley te afime ak fèmte, nesesite jistifikasyon an, men lè l te ajoute nouvèl nesans nan lis doktrin biblik ki enpòtan li a, li t ap transmèt enpòtans ide ke lakwa ak rezireksyon trete kilpabilite peche nou yo ak pwoblèm prensipal ki lakoz nou peche a nan fason

---

1. Jistifikasyon dwe fèt avèk Bondye, pa gras Bondye, ke peche nou yo te padone epi kilpabilite nou yo te soti pa li a, ak sakrifis ekspyasyon lanmò Jezi sou lakwa a. Gade chapit 3, « Lagras ki sove a. »

ki desizif. Kidonk, pou Wesley, nouvèl nesans lan se kòmansman lavi sen an — oswa sa nou rele « sanktifikasyon. »

Nan dènye chapit la, nou te diskite sou nati peche ak efè domaj peche genyen sou mond nou an ak nan lavi nou, men kisa ki orijin peche ? Kisa ki sous peche nan kè nou ?

Labib di peche gen orijin li nan nati entèn nou. « Yon lè, nou tout t ap viv dapre pasyon lachè, nou t ap swiv dezi *lachè* ak sans yo, e nou te kondane anba kolè menm jan ak tout lòt yo, *nan nati nou* » (Efèz 2.3, mete aksan sou li). Vèsè sa atire atansyon nou sou de fraz kle ke moun mal konprann e yo bezwen dekòtike pou moun konprann yo plis.

Nan nati

Nan tout lèt Nouvo Testaman li yo, Paul anseye klèman ke èt imen yo fèt ak yon nati dezobeyisan epi pechè (Women 7.18, 35 ; Efèz 2.1-3 ; Kolòs 3.5). Nou pa aprann peche. Pèsonn pa oblije anseye nou peche. Pa gen klas nan inivèsite ki rele « Peche 101. » Li vini natirèlman, epi nou bon ladan l. Se pa yon pwendvi ki popilè kounyea, ni li pa t janm popilè.

Pelagius, ki te fèt nan katriyèm syèk, te yon mwàn Ilandè ki te vin tounen yon sitwayen Women pi devan. Li te anseye ke moun pa gen yon nati pechè men timoun yo aprann pou vin pechè akoz move egzanp ki fikse pou yo lè yo piti. Pelagius te bay agiman ke nou fèt ak yon nati net epi timoun yo vin swa bon oswa mal akoz modèl yo pou pifò. Kidonk, dapre Pelagius, peche se aksyon reflechi volonte a, e si nou aplike anpil efò, nou ka viv bon jan lavi lwen peche.

Pelagius te viv nan epòk yon lòt teyolojyen enpòtan, Augustine Hippo, ke yo konsidere kòm youn nan pansè kretyen ki gen plis enfliyans nan listwa legliz Oksidantal la. Evèk Afrik Dinò a te ekri anpil sou egzistans peche orijinèl nou eritye de premye paran espirityèl nou ak efè feblès li.

Augustine te agimante pou kontreare pwendvi Pelagius la, lè li rele li kontrè ak sa Ekriti ak sans komen an di alafwa, e li te te jwe yon gran wòl nan sa ki te fè Pelagius soti nan legliz la sou akizasyon erezi. Byenke legliz la te make l tankou yon ansèyman eretik depi katriyèm syèk la, Pelagyonis lan vivan e li byen vivan nan legliz la jodia.

Nan yon vwayaj nan Vil New York, madanm mwen ansanm avèk mwen te ale nan espektak Broadway la, *Wicked*, ki rakonte istwa Elphaba, Sòsyè Mechan nan lwès la, ak zanmitay li ak Glinda, Bon Sòsyè nan nò a. Istwa a rakonte kijan chak medam yo goumen pou jwenn idantite yo, men finalman Elphaba chwazi mechan, epi Glinda chwazi bon — tout sa, akoz sikonstans lavi yo. Elphaba te gen move bagay ki te rive l, kidonk li vin mechan; bagay yo te ale byen pou Glinda, kidonk li vin bon. Se yon komedi mizikal fiktif sèlman, men anpil moun modèn gen tandans panse konsa sou peche.

Men Jezi pa dakò : « Men, bagay ki soti nan bouch yon moun, se nan kè l' sa soti. Se bagay konsa ki mete yon moun nan kondisyon pou l' pa ka sèvi Bondye. Se nan kè l' tout move lide soti, lide touye moun, lide fè adiltè ak tout lòt bagay ki pa dakò ak volonte Bondye tankou lide vòlò, lide fè manti sou moun, lide bay manti. » (Matye 15.18-19). Kè a se sous ki defile a: peche soti nan kè a.

Ou wè yon timoun piti, apèn gen laj pou mache. Poukisa yo aji jan yo aji a? Poukisa yo egoyis? Poukisa yo fè kriz kolè lè sa pa ale nan fason pa yo? Yon timoun pa yon pechè akoz edikasyon yo. Yo pa ko viv lontan ase pou egzanp yo afekte yo nan nivo sa. Yon timoun se yon pechè paske peche soti nan kè — li natirèl. Yo pa oblije anseye yo pou yo egoyis — yo fè sa natirèlman. Manifestasyon peche se yon ekspresyon de sa ki deja andedan yon moun. David te konfese sa : « Wi, depi m' fèt, mwen fèt ak peche nan kè m'. Depi nan vant manman m', mwen gen peche nan kè m ». (Sòm 51.5). Se yon fè anpirik peche orijinèl la.

Ak kisa sa sanble sou plan teyolojik? Tout moun kreye nan imaj Bondye, e Bondye sen epi bon. Jan nou te kreye depi nan kòmansman an, lèzòm reflete nati diven an, men sous sentete ak bonte a se pa nou menm — se Bondye etènèl, trinitè a. Jan William Greathouse ak Ray Dunning te eksplike li: « Se sèlman Bondye ki sen nèt. Nou sen sèlman paske nou lye kòrèkteman ak Bondye epi ranpli ak Sentespri ki sanktifye li a. » Kidonk, depi entwodiksyon peche nan chit la ak konsekans ki vini apre li yo, nati prensipal nou nan imaj Bondye rete entak pandan imaj moral Bondye a detui.[2] Greathouse ak Dunning kontinye, « Lèzòm bon ofon, yon moun ki fèt pou Bondye. Lèzòm pechè nan egzistans li, yon rebèl ki alyene lavi Bondye e kidonk, ki kowonpi. »[3] Ofon li bon, rebèl nan egzistans li. Sa se peche orijinèl.

Nou gen yon nati nou fèt avèk li. Se pa yon « bagay » nan nou ki nesesè pou retire, tankou yon larat ki malad. Se dispozisyon nou anvè ògèy ak egosantris. Se tandans entèn nou anvè vyolans, egoyis, otosifizans, ak enstenk konsèvasyon. Se nasisis nan pi wo degre epi nan fòm ki pi vizib li — ki vle di peche nan kè nou plis pase kèk endiskresyon nou komèt nan pi move moman nou; se derespekte premye kòmandman an (Egzòd 20.2) epi fayi nan adore Bondye sèlman. N. T. Wright raple nou nan ki pwen nou antre nan tèt nou vrèman:

> Dyagnostik sitiyasyon imen an se pa senpleman ke imen yo vyole lalwa moral Bondye, ofanse epi ensilte Kreyatè a ke yo

---

2. *Imago Dei* se tradiksyon laten « imaj Bondye. » Byenke imaj moral Bondye nan limanite a domaje kòm yon konsekans chit la, nati fondamantal Bondye konsève valè chak moun ki fèt nan imaj Bondye. Diane LeClerc remake teyolojyen nazareyen Mildred Bangs Wynkoop, fidèl ak ansèyman John Wesley a, « defini imaj Bondye nan limanite kòm kapasite pou renmen, nan kontèks yon relasyon ak Bondye, ak tèt ou, ak latè a. » LeClerc, 312. Epitou, gade seksyon final chapit sa, « Definisyon Sanktifikasyon Konplè. »

3. Greathouse ak Dunning,, 52. Yo antre nan detay siyifikasyon istorik peche orijinèl la (Women 5.12–21) ak siyifikasyon egzistansyèl peche orijinèl la (Women 7.14–25), 53–54. Pèspektiv wèsleyen sou peche orijinèl la diferan de doktrin Kalvinis depravasyon total la.

pote imaj li — byenke sa se vre tou. Vyolasyon lalwa sa se yon sentòm yon maladi ki pi grav toujou. Moralite a enpòtan, men se pa tout istwa a sa. Imen yo, ki te fèt pou responsablite ak otorite andedan kreyasyon an ak sou kreyasyon an, te vire vokasyon yo tèt anba, lè y ap bay adorasyon ak obeyisans a fòs ak pouvwa nan kreyasyon an li menm. Non ki pou sa a se idolatri. Rezilta a se esklavaj epi finalman lanmò.⁴

Nou gen plis pase yon move repitasyon. Nou gen yon nati dechi. Lagras Bondye nesesè pou bay delivrans epi geri de kondisyon peche ak zak peche orijinèl ak reyèl yo. Poutèt sa, nou bezwen jistifikasyon ak sanktifikasyon alafwa. Nou bezwen refòme epi pou n resevwa yon renovasyon radikal nan kè nou. Se poutèt sa, Wesley te mete aksan sou sentete andedan ak deyò a. Fòk peche nou padone, fòk nou vivan nan Kris, epi pou kè nou pirifye pa lafwa. Rezilta a se yon rekiperasyon imaj konplè Bondye a ki te pèdi a.

Travay lachè

Jan nou te remake anvan an, ekriti Nouvo Testaman — an patikilye sa yo atribye bay apòt Pòl yo — souvan fè referans ak yon aspè chit katastwòf peche orijinèl la antanke « travay lachè. » Mo « lachè » a soti nan yon sèl mo Grèk, *sarx*.⁵ Pou nou pa konfonn ak kò a, yo itilize lachè nan yon sans espirityèl pou fè referans ak

---

4. N. T. Wright, *The Day the Revolution Began* (New York: HarperCollins Publishers, 2016), 76–77.

5. Yon teyori ki gen de nati sou lavi kretyen an te entwodui atravè yon pwendvi dispansasyon ki te popilè anpil apati fen diznevyèm syèk ak kòmansman ventyèm syèk yo ki te gen yon enfliyans ki te rive lwen pami anpil evanjelik, genyen ladan l yon kantite predikatè ak pwofesè evanjelik remakab. Enfliyans lan te lakoz komite premye tradiksyon (1973) New International Version (NIV English) la tradui « lachè » kòm « nati peche. » Dunning te siyale ke Greathouse te sijere pita ke li te « pratikman enposib pou itilize [vèsyon tradiksyon sa] kòm baz pou yon entèpretasyon fidèl de Grèk orijinal la. » Komite tradiksyon 2011 lan pou NIV la te revize tradiksyon an nan « lachè. » Dunning, *Pursuing the divine image* (Marrickville, New South Wales: Southwood Press, 2016), Kindle Location 786.

dispozisyon egosantrik k'ap chèche gratifikasyon lanmou pwòp demezire de « mwen » k ap viv nan yon moun olye li soumèt li nèt anba volonte ak objektif Bondye.[6] Martin Luther — ak Augustine anvan li — te dekri sa grafikman antanke eta « pou ou fèmen sou tèt ou » *(incurvatus in se)*. Reflechi afon sou imaj mantal Luther dekri pou fèmen sou tèt ou a : « Nati nou, pa koripsyon premye peche a, [ki] tèlman fèmen sou tèt li ke li pa sèlman pliye pi bon kado Bondye vè li menm epi jwi de yo (jan li klè nan zèv jis ak ipokrit yo), oswa itilize Bondye menm pou rive jwenn kado sa yo, men li pa reyalize tou ke l ap chèche tout bagay nan fason ki tèlman mechan, ba epi visye, menm Bondye, pou pwòp tèt li. »[7]

Lè Pòl di, « Menm lè mwen vle fè sa ki byen, mwen pa santi m' kapab fè li » (Women 7.18), l'ap fè referans ak enpuisans nan lachè li pou renmen epi obeyi Bondye ak tout kè li. Li se, e nou se, esklav « Mwen » ki vle sa nou vle. Pòl devlope pi plis nan lèt li a bay Galat yo lagè lachè a kont Lespri : « Kò a gen egzijans ki pa dakò ak egzijans Lespri Bondye a. Konsa tou, Lespri Bondye a gen egzijans ki pa dakò ak egzijans kò a. Se de bagay ki pa mache ansanm menm. Se sak fè nou pa kapab fè sa nou vle. » (Galasi 5.17). Li kontinye apre sa lè l reprezante egzanp travay, ak aksyon ak atitid lachè ki vivan ki swiv lachè a, ki kontrè ak fwi Lespri a (vv. 19–23). Apre sa, pou fini istwa a, Pòl fè yon aksyon desizif la : « Lè ou kite egzijans kò a pran tèt ou, se mouri w'ap mouri. Men, lè ou kite egzijans Lespri a pran tèt ou, se viv w'ap viv ak kè poze. » (Women 8.6). Parafraz mwen : *Oubyen nou tiye move aksyon lachè a, oswa yo pral tiye nou. Sa se gravite konplè lachè a.*

Yo te mal konprann ide biblik lachè a an jeneral pandan anpil ane. Malerezman, gen kèk moun ki te panse lachè ak Lespri koresponn ak kò ak nanm nan epi « lachè » vle di po ak kò.[8] Nan ka sa, genyen

---

6. Greathouse ak Dunning defini lachè kòm « 'M ap viv pou tèt mwen. », 53.
7. Martin Luther, *Lectures on Romans*, WA 56.304.
8. « Lachè » ak « kò » se de mo separe nan Nouvo Testaman an : *sarx* ak *soma*.

ki te rive asime ke si lachè se sous mal ak peche, alò kò fizik nou dwe mal nan fason natirèl. Kidonk, toutotan panse a prale, nou dwe minimize aspè fizik lavi nou yo, venk kò nou anba soumisyon, epi pa pèmèt okenn plezi fizik oswa satisfaksyon.[9] Alòske sa ka sanble ekstrèm, li jwe nan kèk nivo tout lè yon yerachi peche kreye, tankou peche nan kò ak peche nan lespri, ak lè nou pouse lide ke youn siman pi mal ke lòt la (pa egzanp, imoralite seksyèl dwe pi mal pase tripotaj oswa vyolans; tafyatè dwe pi mal pase ògèy oswa rasis). Nan fason ki konsekan, si yon moun komèt yon peche nan kò — ke yo konsidere tou kòm yon peche «mòtèl» — li prèske enpadonab, men yo bwose peche nan lespri yo ak jistifikasyon ke «pa gen moun ki pafè.» Pou separe epi klase peche nan fason sa, se yon move konpreyansyon sentete nan ekriti a ki klè, san nou pa site lefè ke Pòl klase tout peche ansanm nan yon kategori (pa egzanp, gade Galasi 5.16-21 : li idantifye idolatri ak kòlè, kòm «zèv lachè»)

Kò imen an klèman pa yon move bagay. Dayè, Bondye te kreye kò imen an e li te pran yon kò imen nan Jezi. Lè Pòl vle fè referans ak kò fizik la li chwazi dabitid mo Grèk *soma*, se pa *sarx*, li fè sa trèz fwa nan Women sèlman. Mo *soma* ka vle di swa kò fizik imen an oswa tout yon moun, menm jan nan Women 12.1 : «prezante kò ou kòm yon sakrifis vivan, sen epi akseptab pou Bondye,» ki se yon apèl klè pou sanktifikasyon tout nou menm, ki enkli kò fizik nou.

Donk kisa lachè a ye, e poukisa sanktifikasyon pa lagras la nesesè ? Lachè a se dispozisyon tout moun nan (kò, nanm ak lespri) pou w se pwòp dye ou, olye ou vin anba otorite Jezi. Se aspè pechè nou an ki vle viv lavi nou endepandan de Bondye — pou nou pwòp wa ak

---

9. Pifò erezi Nyosisis la baze sou yon erè entèpretasyon lachè ki koresponn ak kò a. Ide platonik sou yon nanm siprèm abstrè lakoz kèk moun menm jodi a gade kò a avèk mepri epi pou mete aksan sou mòtalite yon nanm etènèl san kò. Men, erè sa nan konfli ak doktrin biblik rezireksyon kò a. Pou konbat erè entèpretasyon ki prime sa, premye prensip kretyen yo te souliyen enpòtans rezireksyon kò a (pa egzanp, «Nou kwè nan rezireksyon kò a, ak lavi ki p ap janm fini an, » Kwayans Apòt yo).

sovè nou, olye nou depann de Jezi. Anvan lagras ki sove a, se lachè a ki te kontwole konplètman nan plas Lespri a. Nou gen yon nati pechè — yon dispozisyon kè ki kwè nou ka sove tèt nou epi ki konsime nèt epi domine pa nanm ak lachè a. Men, nan moman jistifikasyon nou an (padon pou peche) ak rejenerasyon (nouvèl nesans), nou resevwa kado Sentespri a.[10] Moun sen wèsleyen yo fè referans ak sa kòm « sanktifikasyon inisyal » paske nou pa ka resevwa sa, ki sen — Lespri Jezi a — epi pou nou pa kòmanse cheminman lavi ki sen an nou menm.[11]

Se la lagè pou souverènte a kòmanse. Kiyès k ap wa lavi mwen? Anvan nou te kretyen te gen lagè — se pa menm yon akwochaj pa okazyon. Lachè te angaje l nan souverènte pèsonèl ak dezi egoyis ki te domine nou. Lè Lespri a antre nan lavi nou, li ba nou dezi, motivasyon, ak lespri Kris la (Women 12.2; 1 Korent 2.16; Filip 2.5). De fòs sa yo, lachè ak Lespri, nan opozisyon e kounye a y'ap goumen pou sipremasi. Sentete a kòmanse men li dwe ogmante epi pran matirite kounye a.

Lè Pòl te ekri bay legliz Korent lan, li « pa t ka pale ak yo tankou moun espirityèl » (1 Korent 3.1). Èske sa vle di yo pa t kretyen? Non, yo te bonjan kretyen. An reyalite, li kòmanse lèt la lè li rele yo « sila yo ki sanktifye nan Jezi Kris, » e « ki gen apèl pou vin sen »(1.2). Rejenerasyon, jistifikajsyon, ak redanmsyon te pran plas la. Cheminman lagras yo te kòmanse. Pwoblèm yo se te lefè ke konba yo kont lachè a te ankou. Anvi, rivalite, ògèy ak divizyon te toujou afiche nèt. Yo te kretyen — men yo te toujou « moun nan lachè » (3.1)— ke Pòl te mete sou menm nivo ak lafwa ki pa gen matirite.

---

10. Alòske « rejenerasyon an » pa yon mo ki biblik nan li menm, teyolojyen yo te kreye mo a pou dekri nouvo lavi yon moun resevwa pa gras nan kad nouvèl nesans li nan Kris. Nan yon sans ki reyèl, ou antre nan yon nouvèl vi, gen yon rezireksyon espirityèl ki fèt, epi gen chanjman reyèl ki swiv nan fason ki konkrè ak fason ki pa konkrè.

11. « Wesley pa janm reyèlman itilize ekspresyon sa [sanktifikasyon inisyal], men li vle di kwayans li ke moman sali a demare pwosesis pou'w vin jis la. » LeClerc, 318.

Yo te kretyen, men yo te toujou « ti bebe nan Kris » (3.1). Yo te gen pou te grandi. Sa se yon lòt fason pou di yo te toujou gen yon nivo rezistans nan yo ke yo pa t ko soumèt volonte ak lespri yo konplètman bay Bondye.[12]

Yon lòt fwa ankò, John Wesley ofri yon eklèsisman sou kontèks deklarasyon Pòl yo. Lè li mande si Korent yo te pèdi lafwa, Wesley te ensiste, « Non, li [Pòl] deklare nan fason ki konkrè ke yo pa't pèdi lafwa; paske yo pa t ap 'ti bebe nan Kris.' E li te pale de yon moun ki 'chanèl' ak 'ti bebe nan Kris' kòm yon sèl e menm bagay; ki montre konplètman ke chak kwayan (nan yon nivo) 'chanèl' pandan li se yon 'ti bebe nan Kris.' »[13] Chanèl, pou Wesley, se menm bagay ak « nan lachè, » epi li reprezante yon lafwa ki pa gen matirite ki dwe grandi nan resanblans ak Kris ak nan fason li bay tèt li sou lakwa.[14] Sa se verite pou chak kwayan. Kesyon an se pa sali — se otorite. Moun ki sanktifye a dwe gandi deplizanpli nan resanblans ak Jezi. Se pa yon bagay ki dwe mouri nan yo—yo dwe mouri, nan yon sans reyèl men ki figire, ak sa ki t'ap dirije lavi yo anvan an.[15] Referans relijye p'ap sifi; nòm moral p'ap ase. Yo dwe mouri nan konfyans yo nan lachè.

---

12. « Ekspresyon Grèk ki tradui 'lespri' a se youn nan tèm antwopolojik enpòtan Pòl pi itilize. Li fè referans ak aspè rezònman yon moun lè kapasite jijman li ap egzèse. » Dunning, *Pursuing the divine image*, Kindle Location 814. Kapasite Bondye bay chak moun pou reflechi epi itilize entelèk yo pou konprann se yon aspè yo rele kwadrilatè wèsleyen yo rekonèt kòm « rezon ».

13. Wesley, Mesaj 13: « Sou Peche nan Kwayan yo, » nan Travay Konplè John Wesley: Vol. 1, Mesaj 1–53 (Fort Collins, CO: Delmarva Publications, 2014), 3.2.

14. Dunning eksplike ke « chanalite se yon mo twonpè, ki itilize antanke yon non byenke ekriti a toujou itilize chanèl « nan lachè » sou yon fòm adjektif. » Dunning, *Pouswiv Imaj Diven an*, Kindle Location 2076. Sa jeflete tou ide ke « lachè » a se yon kalite bagay etranje, menm jan ak yon timè kansè k ap viv nan fason metaforik nan nou » li dwe soti ak operasyon. Ibid., Kindle Location 801. Eleman konsèp yon bagay ki nesesè pou retire a genyen ladan yo sa kèk predikatè diznevyèm syèk yo sou sentete te refere ak yo tankou eradikasyon.

15. William H. Greathouse ak George Lyons, *New Beacon Bible Commentary*, Romans 1–8 (Kansas City, MO: Beacon Hill Press of Kansas City, 2008), 182.

Nan yon moman franchiz vilnerab ki etonan, Pòl te konfese, «Si gen moun ki kwè yo ka mete konfyans yo nan sa lèzòm ap fè, mwen pi ka fè l' pase yo. Mwen te gen wit jou depi m' te fèt lè yo sikonsi mwen. Mwen se yon moun Izrayèl natif natal, nan branch fanmi Benjamen, pitit pitit Ebè san (100) pou san (100). Sou keksyon lalwa Moyiz la menm, se pa pale: se farizyen mwen te ye. Mwen te sitèlman yon patizan fanatik lalwa a, mwen te menm rive pèsekite legliz la. Si yon moun te ka bon paske li fè sa lalwa a mande, enben mwen te bon nèt ale.» (Filip 3.4-6). Li te gen tout referans relijye yo pou l te konsidere kòm jis, men konfyans li t'ap nan lachè. Pòl kontinye, «Men, si yon lè mwen te konsidere tout bagay sa yo tankou yon garanti, koulye a yo pa vo anyen pou mwen, akòz Kris la.» (3.7). Li t ap kenbe règleman yo epi obeyi lalwa, men li t ap viv selon lachè toutotan li te kwè epi depann de pwòp jistis li pou sove li oswa rann li sen. Se te bagay ki te bon ki te rive nan yon plas santral nan lavi li — donk li te dwe mouri pou yo pou li te ka konnen Kris. Anplis, lè li konnen Kris deplizanpli epi nan fason ki pi konplè, Pòl te chanje efò moral li te goumen pou l genyen yo pou jistis ki sove ak sanktifye Kris la: «Poutèt li, mwen voye tout bagay jete, mwen gade yo tankou fatra pou m' sa gen Kris la, pou m' ka viv ansanm avè l' nèt ale. Konsa, mwen pa gen pretansyon mwen bon paske mwen fè sa lalwa a mande. Men, Bondye fè m' gras paske mwen mete konfyans mwen nan Kris la. Wi, Bondye fè tout moun ki mete konfyans yo nan li gras.» (3.9).

Anpil moun gen moral, yo menm relijye, men deden, rijidite, prejije, severite ak fwadè nan lespri se siy ke lachè te pran relijyon epi itilize l tankou yon estrateji pou anpeche yo depann de Jezi Kris pou sentete yon moun. Menm jan ak yon pwopriyetè biznis ki kras k'ap eksplwate sila yo ki kwense nan povrete pou fè yon pwofi, anba lyen lachè, menm jan ak Farizyen an. Nan zye Bondye, yo se menm bagay. Toulede se moun ki te fè estrateji pou fòje pwòp wout pa yo separe ak Bondye.

Men verite ki difisil la : menm Kretyen yo ka kontinye viv dapre lachè. Anvan lagras ki sove a, lachè pa't fè lagè ak Lespri a paske nou te mouri nan peche nou. Menm lè Lespri Bondye vin vivan nan nou, nou ka toujou ap viv nan yon fason ki chanèl. Nou ka toujou pran bon bagay yo epi nou fè yo tounen pwen final la. Nou ka toujou viv nan pwòp fòs ak puisans nou, olye nou depann de Bondye. Se poutèt sa nou bezwen gras ki sanktifye a. Nou bewzen gras Bondye pou krisifye lachè ki vle nou depann de tèt nou — pou nou tiye pati lachè a nan nou ki vle jere pwòp lavi nou pou Lespri Jezi a ka pran kontwòl konplè.[16]

Pwofesè Ekosè ak ekriven devosyonèl yo te fè anpil elòj pou li, Oswald Chambers antre nan kè konsèp mouri a pwòp tèt ou pou Kris ka rekonèt deplizanpli :

> Mwen dwe pran opinyon emosyonèl ak kwayans entelektyèl mwen yo epi gen volonte pou m fè yo tounen yon vèdik moral kont nati peche ; sa se kont tout revandikasyon mwen genyen kont dwa mwen pou tèt mwen ... Depi mwen atenn desizyon moral sa epi mwen aji sou li, tout sa Kris te akonpli pou mwen sou lakwa akonpli nan mwen. Angajman san limit tèt mwen bay Bondye bay Sentespri a opòtinite pou ban mwen sentete Jezikri a. ... Endividyalite mwen rete, men motivasyon prensipal mwen pou viv ak nati ki dirije m nan chanje radikalman.[17]

Lachè pa oblije dirije lavi nou. Nou resevwa libète pou yon vi ki sen. Lagras ki sanktifye a se mwayen ak remèd la. Donk kijan lagras

---

16. Oswald Chambers rele nosyon mouri a pwòp tèt ou kòm on idantifikasyon ak lanmò Jezi a ak yon volonte pou « krisifye ansanm. » Se menm jan, Kretyen an ka ini ak Jezi nan rezireksyon li epi pataje yon « ko — rezireksyon » nan nouvo lavi. Lavi rezireksyon Jezi a eksperimante kounyea nan lavi sentete a. Chambers, *My Utmost for His Highest* (Uhrichsville, OH: Barbour and Company, 1935), 73.

17. Chambers, 58.

ki sanktifye a travay reyèlman nan pakou lagras la ? Se poutèt sa, nou bay rès chapit la.

Vin menm jan ak Jezi

Mwen vle rakonte yon istwa sou yon moun mwen pral rele George, ki pa vrè non li. George te yon manm legliz mwen e se yon moun ki tris anpil. Li te toujou fache kont yon bagay. Li pa't renmen mizik oswa prèch mwen. Li di mwen pa't preche sentete nan fason li te konn tande lè li te timoun. Anplis, li pa't renmen moun an patikilye — espesyalman nouvo moun. George te ekri mwen sèt paj lèt ki genyen kèk nan kòmantè ki pi lèd ou ta ka imajine, pa sèlman atake chak mouvman mwen fè nan ministè mwen, men tou, li sipoze li konnen motivasyon mwen.

Pandan yon moman, li plenyen ke legliz la te konsantre sou andedan epi li pa rive jwenn moun deyò. Apre sa, lè legliz la te kòmanse ranpli ak nouvo moun, li pa't renmen sa tou paske kounyea, li te di, nou pa pran swen moun ki te la depi plizyè ane yo ankò, epi ki te peye pri pou legliz la vin stab. Li te di, nou t'ap grandi sèlman paske nou t'ap vòlè brebi nan lòt legliz (ki pa vre). Sa'k pase sèke George pa't vle bagay yo chanje.

George drene pifò enèji emosyonèl mwen antanke yon pastè. Li menase detanzantan pou kite legliz la. Mwen kwè nan fon kè li, li te konnen sa nou tout te konnen — pa gen okenn lòt legliz ki t'ap tolere li. Finalman, yon jou mwen te rele l epi mwen di l, « George, ou konnen mwen renmen ou, men pa voye okenn lèt oswa imel anplis. Mwen pa ka tande kè ou nan yon imel, e ou pa ka tande pa m. Apati de kounyea, si ou gen yon enkyetid oswa yon plent, w'ap oblije di'm li fasafas. »

Sanble bagay yo te amelyore — omwen pandan yon moman. Li pa't janm voye yon lòt lèt ban mwen ankò, men li te kontinye pwopaje negativite nan legliz la. Sa te rive nan pwen kote George te plis tankou yon moustik pase yon atak chyen — plis annwiyan ke danjere.

Pati ki te pi tris pou mwen se te George pa't transfòme. Li te yon moun etranj e tout moun sonje li te konsa depi lontan. Se pa't sèlman nan legliz. Li pa't yon bon mari pou madanm li ; pitit li yo pa't vle rete bò kote li ; e li pa't gen lajwa nan lavi li. Sa ki te pi siprenan an, li te nan legliz depi tout swasant an e kèk lane li yo. Petèt sa ki pi mal nan tout sa, pèsonn pa't etone ke li pa't chanje, epi sa pa't menm deranje pèsonn an patikilye. Yo te aksepte li. Yo t'ap di, « A, se konsa George ye, ». Pèsonn pa't atann pou li te vin plis menm jan ak Jezi.

Nan panse menm jan ak George, mwen te fini pa kwè ke move kesyon pou poze sou sante nan yon legliz se, « Konbyen moun ki nan legliz la ? » Pi bon kesyon an, oswa omwen deplase nan bon direksyon an se mande, « Kijan moun sa yo ye ? »[18] Lè yon moun vin yon Kretyen, objektif la pa sèlman pou aprann kijan pou swiv Kris men tou pou viv yon lavi nan resanblans ak Kris reyèlman. Sa se objektif tout apostola nan cheminman lagras la.

Objektif apostola a

Lè Pòl prezante kado ministè a, li te di t'ap genyen apot, pwofèt, evanjelis, pastè ak pwofesè men objektif reyini yo se t'ap « ekipe sen yo pou travay ministè a, pou konstui kò Kris la » (Efèz 4.12). Gen anpil bagay pou dekòtike nan mo sa yo ki lye ak apostola, men an nou eseye ak konsèp « kò » a.

Kò a se yon analoji ki entrige paske tout kote kwasans espirityèl mansyone gen yon sipozisyon ke gen yon bagay ki vivan. Tout èt vivan grandi. Bagay ki mouri rete fiks oswa dekonpoze. Se sèlman èt vivan ki grandi. Bagay ki inanime pa grandi. Yon mèb pa grandi. Yon wòch pa grandi. Se sèlman òganis yo ki grandi.

---

18. Bill Hull, *The Disciple-Making Pastor* (Old Tappan, NJ: Revell, 1988), 13.

Yon òganis ka (1) yon èt vivan tankou yon plant, bèt oswa moun, oswa (2) yon sistèm pati endepandan k'ap fonksyone ki konpoze ak yon kreyati vivan oswa yon bagay. Plant yo se òganis. Plant yo pa ka grandi san limyè solèy, dlo ak nitriman. Yo bezwen yon ekosistèm pou soutni kwasans yo, oswa y ap mouri. Kò imen nou se òganis tou. Anatomi imen an se yon sistèm pati entèdepandan k'ap fonksyone — yon sistèm operasyonèl ki fèt pou travay ansanm: « Kò a toujou yon sèl kò, ou mèt wè li gen anpil manm. » (1 Korent 12.12). Lè youn nan pati nou p'ap fonksyone kòrèkteman, kèlkeswa jan li sanble pa enpòtan an, li ka mete tout sistèm nan atè epi lakoz nou vin pa gen lasante.

Lè Pòl di ke nou se kò Kris la, l'ap fè remake ke legliz la se yon òganis tou, ki konpoze ak moun vivan, dinamik ki se pati endepandan k'ap travay ansanm e ki depann youn de lòt pou vitalite ak sante pa pouvwa Sentespri a: « Se pa yon sèl manm ki fè yon kò. Se anpil manm ki fè yon kò. » (1 Korent 12.14). Lè pati yo p'ap travay ansanm nan yon fason global, li vin malad epi fèb. Kontrèman, lè pati yo konekte epi grandi ansanm nan fason ki nourisan, vitalite ak sante se rezilta a, yon estrikti kòmanse fòme, epi yon objektif final *(telos)* atenn. Nou konstui kò a, « jiskaske nou tout vini nan inite nan lafwa ak konesans Pitit Bondye a, *nan matirite*, nan mezi devlopman konplè Kris la » (Efèz 4.13, mete aksan sou li). Objektif matirite kretyen an se devlopman konplè Kris — nan resanblans ak Kris Pa gen lòt objektif. Kidonk, li se pou legliz la. Lè manm endividyèl yo reyini, fòk li menm jan ak kò Kris la. Anplis, sizoka nou ta rate premye fwa a, Pòl redi « se pou nou grandi nan tout sans nan Kris la ki se chèf la, kote kò a ann antye » devlope pou vin sa li dwe ye a (v. 15).

Objektif tout kwasans spirityèl, nan fason endividyèl ak komen, nan fason pèsonèl ak enstitisyonèl, se pou vin deplizanpli tankou Jezi. Aksyon oswa pwosesis pou vin tankou Jezi a se sanktifikasyon, e se lagras ki sanktifye a ki rann li posib.

Sentete se pa yon chwa

Nan lang Grèk la, sanktifikasyon an lye ak mo « sen » (*hagios*). Teyoloji sentete wèsleyen an konsève ke bòn nouvèl levanjil la pa sèlman ke yon jou nou ap avèk Bondye lè nou mouri men tou ke òf lavi abondan nan wayòm Bondye a se pou kounyea, kote nou ye a. Plan Bondye se pou imaj li nan nou ke chit la te gache a ta restore nan tout bote ak gwa li, ke nou ta tounen chedèv ki reflete imaj Kris la nan sa nou panse, sa nou di, ak sa nou fè. Sa rele sanktifikasyon, e se sa n ap vin ye. Li pa yon chwa pou yon Kretyen k'ap grandi.

Lè nou achte yon nouvo machin, vandè a enfòme nou ke gen ekipman nòmal ak akseswa ochwa. Nou konnen nou pral resevwa yon volan ak senti sekirite ak yon retwovizè paske sa se ekipman nòmal — chak machin genyen yo. Men, si nou vle vit otomatik, jant ann alyaj ak yon twati ki ka ouvri, nou dwe mande paske sa yo se akseswa ochwa, ki vle di se pa tout machin ki genyen yo. Sanktifikasyon se pa yon akseswa ochwa pou yon disip Jezi. Se yon ekipman nòmal pou chak modèl. Li atann pou ou vin menm jan ak Jezi paske kwasans se pa yon chwa. Nou toujou ap grandi vè yon bagay — toujou nan pwosesis pou fòme sou plan espirityèl.

Yon lòt fwa ankò, Pòl afime nan Women 12 lè li di, « Pa fè menm bagay ak sa moun ap fè sou latè. Men, kite Bondye chanje lavi nou nèt lè la fin chanje tout lide ki nan tèt nou. Lè sa a, n'a ka konprann sa Bondye vle, n'a konnen sa ki byen, sa ki fè l' plezi, sa ki bon nèt ale. » (Women 12.2) Konfòme oswa transfòme — sa yo se de altènativ nou sèlman. Si puisans renouvèlman Bondye a pa transfòme nou (chanje soti andedan rive deyò), alò nou konfòme (fòme, modle) pa fòs ki opoze ak Bondye yo ki lage nan mond lan. Kesyon an se pa si ou pral fòme sou plan espirityèl; kesyon an se kisa k'ap fòme ou ? Si se pa Bondye k'ap fòme nou, gen yon lènmi espirityèl — yon advèsè, mechan an — ki kontan pafètman pou konfigire lavi nou.

Tou senpleman, mond separe de Bondye a defòme epi malfòme moun. Bondye refòme epi li transfòme. Se poutèt sa, sanktifikasyon—pou vin menm jan ak Jezi a—enpòtan konsa. Pa gen anpil mo ki rezime pi byen volonte Bondye pou limanite pase mo sa yo ki soti nan Ekriti a: « Men sa Bondye vle pou nou : Se pou nou viv apa pou Bondye » (1 Tesalonik 4.3) ; epi « Chache viv ak kè poze ak tout moun. Mennen yon lavi apa pou Bondye. Si se pa sa, pa gen moun k'ap wè Seyè a. » (Ebre 12.14). Kòmandman pou pouswiv lapè ak sentete a enplike aksyon sou pasivite. Kwasans espirityèl yon moun rele sanktifikasyon oswa sentete. Premye sanktifikasyon an ak sanktifikasyon total la pa menm bagay, men objektif tout sanktifikasyon se vin menm jan ak Jezi. Se volonte Bondye pou lavi chak Kretyen, paske si nou pa « grandi nan tout sans nan li ki se chèf la, nan Kris, » se yon lòt bagay ki pa lanmou sen an k'ap fòme nou (Efèz 4.15).

Yon ekwasyon pou kwasans spirityèl

Apostola se pa yon chwa. Pifò Kretyen pa t'ap agimante pwen sa a. Vrè kesyon an se, kijan kwasans sa a fèt ? James White eksplike kisa anpil moun kwè konsènan pwosesis apostola a. Fòmil li ofri a prezante sou fòm yon ekwasyon matematik :

Sali + Tan + Aplikasyon endividyèl = Chanjman nan lavi

Fòmil lan devlope sou baz kat sipozisyon: (1) chanjman lavi a fèt nan sali a; (2) li kontinye fèt natirèlman toutotan tan ap pase; (3) li fèt pou pifò pa yon aksyon volonte a; epi (4) li fèt pi byen poukont li.[19] An nou gade ak atansyon ipotèz li pwopoze a.

Premyèman, « sali. » Sali se yon transfòmasyon ki tèlman radikal de nou menm (« pran nesans ankò ») ke gen yon chanjman touswit nan kè a ki soti nan yon konvèsyon dezi, abitid ak karaktè pa mirak.

---

19. James Emery White, *Rethinking the Church* (Grand Rapids: Baker Books, 1997), 55.

Kretyen yo pran nesans, yo pa fèt). Pliske sali a chanje estati relasyon nou ak Bondye, modifye destine etènèl nou, epi entwodui puisans ak travay Sentespri a nan lavi nou, nou ka tann kwasans ki imedya epi enpòtan. Sa se sipozisyon sali a.

Dezyèman, « tan. » Byenke pwosesis transfòmasyon an fèt nan konvèsyon an, li evidan ke yon moun pa grandi nèt lè li vin yon kretyen. White di, toujou gen pwen rezistans ak egoyis ke nou bezwen fè fas ak yo, men sa yo se bagay ki regle toutotan tan ap pase.[20] Kidonk, fòmil la swiv ke yon Kretyen senk an ap genyen senk ane matirite espirityèl epi yon Kretyen diz an ap genyen diz an matirite, elatriye. Lafwa pa ka ede men li grandi toutotan tan ap pase, kidonk tout sa nou gen pou fè se li Labib epi ale legliz plis ke posib, epi fwi Lespri a ap miltipliye, epi nou ap vin tounen plis tankou Jezi. Sa se sipozisyon tan an.

Twazyèman, « aplikasyon endividyèl. » Sa gen pou wè ak volonte yon moun. Ide a se kèlkeswa sa ki pa fèt natirèlman toutotan tan ap pase ap konplete pa detèminasyon ak efò imen. Tout sa yon moun dwe fè se deside viv epi aji nan yon sèten fason (epi jete yon ti kras pèseverans) — paske lavi kretyen an se aksyon volonte a ki soutni li. Ase tan plis volonte nou ap pwodui fui Lespri a. Sa se sipozisyon aplikasyon endividyèl la.

Finalman, « sa ki pi bon an reyalize poukont li. » Sipozisyon final ekwasyon apostola a se endepandans, oswa pou yon relasyon pèsonèl ak Jezikri egal ak yon relasyon prive.[21]

Konsa ekwasyon an kontinye, men nou pa souvan deranje pou poze kesyon si sipozisyon sa yo valid. Èske se konsa apostola a fèt? Èske nou kòmanse grandi otomatikman nan lavi espirityèl nou apre

---

20. White, 56.
21. Ide relasyon pèsonèl ak Kris se sinonim ak yon relasyon prive ak Jezi a pi pwopaje nan sosyete Oksidantal la pase nan lòt pati mond lan. Yo konsidere endividyalis tankou yon vèti kiltirèl nan peyi Etazini.

sali a ? Lè yon moun vin tounen yon Kretyen èske gen yon chanjman abitid pwofon, transfòmasyon atitid ak karaktè touswit ? Èske Kretyen yo grandi ak tan sèlman ak volonte sèlman ? Akoz relasyon nou ak Bondye pèsonèl, èske li pi bon pou disip Jezi yo travay an solo ? Si sipozisyon sa yo kòrèk, ta dwe genyen anpil prèv de sa nan legliz la. Si yo vrè, sa White endike yo, alò lè w travay ekwasyon an senpleman sa ta dwe ofri menm rezilta yo regilyèman : Kretyen endividyèl ak kò Kris la ap vini deplizanpli menm jan ak Jezi nan rezònman, pale ak aksyon.[22] Men, gen rezon enpòtan ki fè fòmil la pa konplè ansanm.

Pou debitan, disip Jezi yo te alafwa pran nesans epi fèt. Lagras ki sove a chanje estati relasyon nou ak Bondye, destine etènèl nou, epi entwodui puisans ak travay Sentespri a nan lavi nou. Men, jan nou wè nan ansèyman Nouvo Testaman yo, nouvo Kretyen yo pako gen matirite nan karaktè. Lè ou se yon Kretyen, sa pa vle di ou vin tankou Kris otomatikman. Gen devlopman ki nesesè. Vèti a grandi toutotan tan ap pase atravè pratik ki presi.[23] Nan limyè aktivite sa yo, an nou konsidere yon kad ki pi biblik sou fason kwasans spirityèl la fèt atravè lagras ki sanktifye a.

1. Kwasans espirityèl ka kòmanse nan sali a, men nou kontinye grandi nan lagras pandan tout vi nou. Gen diferans ant sanktifikasyon ak sanktifikasyon konplè. Deba a toujou sanble sou kesyon èske sanktifikasyon an enstantane oswa pwogresif. Èske gen yon moman enpòtan, oswa èske li se yon pwosesis ? Repons lan se toulede.[24] Gras ki sanktifye a kòmanse nan moman nou

---

22. White, 57.
23. N. T. Wright defini konsèp vèti kretyen an kòm transfòmasyon karaktè a. Wright, *After you believe* (New York: HarperCollins Publishers, 2010). Y ap bay plis tan pou konprann vèti nan chapit 5 lan, « Gras ki bay soutyen an. »
24. Si jè enstantane oswa pwogresif, kriz oswa pwosesis, nan eksperyans sanktifikasyon konplè a te yon sijè ki soulve gran deba sou plan istorik nan sèk sentete wèsleyen yo. John Wesley poukont li te mete aksan tout tan sou bezwen toulede, epi premye lidè Nazareyen yo te fè atansyon an jeneral pou pwopoze yon ekilib. Sipèentandan Jeneral R. T. Williams te deklare sa ki vini apre a nan Asanble Jeneral Legliz Nazareyen 1928 la :

eksperimante lagras ki sove a. Teyolojyen yo fè referans ak li kòm « sanktifikasyon inisyal, » kwasans espirityèl nan lagras la vini apre li, jiskaske — nan yon moman konsekrasyon ak abandon konplè de nou menm — Bondye pirifye epi netwaye kè a. Sa se yon eksperyans ki fè referans ak sanktifikasyon konplè a, oswa « pèfeksyon kretyen. »[25] Men, menm lè moman konsekrasyon konplè a Bondye a vini apre, nou kontinye grandi nan lagras e nou pa janm sispann grandi toutotan n'ap viv.

Atik Lafwa pou Legliz Nazareyen an deklare: « Nou kwè gen distenksyon ki klè ant yon kè ki pi ak yon karaktè ki gen matirite. Premye a fèt nan yon ti moman, rezilta sanktifikasyon konplè; dezyèm nan se rezilta kwasans nan lagras. » Lè nou reponn nan lafwa nan gras ki vini anvan an, nou resevwa gras ki sove a. Gen yon lòt oryantasyon radikal de priyorite nou yo, yon lòt konstitisyon dezi nou yo, ak puisans ak travay Sentespri a ki dechennen nan lavi nou. Olye li libere nou touswit de tout move abitid, defo karaktè, oswa move dispozisyon nou te janm genyen, Bondye kontinye travay nan nou pou fòme nou nan moun li vle nou ye a. Objektif tout apostola

---

« Legliz la dwe mete aksan alafwa sou kriz ak pwosesis la nan relijyon. Pandan anpil ane pèp sen an te santi travay li te aple pou l fè a te fini sou otèl la, lè foul ki te vini apre a te resevwa benediksyon rejenerasyon ak sanktifikasyon, men li te vin klè ke travay nou te kòmanse, sèlman nan pwen kote Legliz Nazareyen an ap konbine de gran prensip sa yo, ki rele kriz ak pwosesis la. Mennen [moun] bay Bondye ak edifikasyon kò Kris la nan sali inisyal ak devlopman karaktè kretyen an. » Jounal Asanble Jeneral, 1928, ki mansyone nan Dunning, Pouswiv imaj Diven an, Kindle Location 2176, nòt 26.

25. Pèfeksyon kretyen an se yon fraz biblik epi ki itilize souvan nan tout istwa kretyen an. Papa ak manman nan premye legliz yo te konpare pèfeksyon ak ide theosis, oswa deyifikasyon: patisipe nan nati diven an. Men yo konprann konsèp modèn pèfeksyon an nan fason diferan. Yo pa t janm anseye l nan fason ki egzak antanke yon « pèfeksyon san peche, » oswa, jan Thomas Noble ekri a, « ide ke nan lavi sa, Kretyen yo ta dwe atenn eta pèfeksyon final, absoli, kote yo san peche epi sen nèt. » T. A. Noble, 22. Pou evite konfizyon entèpretasyon modèn nan, epi pou mete aksan sou aspè dinamik kwasans nan lagras la, Noble pretann, « Akoz konsèp dinamik pèfeksyon mouvman an nan plas plas arive final la, li ka pi bon pou eksprime sa mo Grèk la vle di san nou pa itilize mo 'pèfeksyon' an, men lè n tradui li tankou 'rann li pafè.' » Ibid., 24.

kretyen se vin deplizanpli menm jan ak Jezi. Se poutèt sa Pòl rezone, menm jan nou pa atann pou ti bebe yo rete ti bebe, menm jan nou vle yo grandi epi vin gen matirite pou yo vin granmoun ki ka fonksyone konplètman, nou ta dwe atann tou antanke kretyen pou nou pa rete ti bebe espirityèl. Kwasans espirityèl kòmanse nan sali a, men nou kontinye grandi pandan tout lavi nou. Nou ta dwe gade, aji, epi panse plis menm jan ak Jezi ane pwochèn ke jan nou te fè sa jodia, kidonk nou pwogrese pa lagras ki sanktifye a.

2. Kwasans espirityèl la enplike plis pase tan sèlman. Swa pifò nan zanmi mwen yo pa konnen, oswa yo bliye ke mwen konn jwe pyano. M'ap jwe pyano depi plis pase karant an. Lè mwen te gen di zan, mwen te pratike prèske chak jou (ak anpil sipèvizyon manman mwen, ki te priyorize pratik pyano sou antrènman foutbòl). Kounyea mwen jwe mwen souvan — prèske yon fwa pa ane. Si yo te mande yon moun pandan konbyen tan mwen te jwe, se t ap yon verite pou'm di pandan kat deseni, men rès istwa a sèke mwen te pase toule kat deseni sa yo ak entansyon pou'm pratike. Gen timoun nan legliz ki jwe pyano pandan kèk ane ki ka jwe pi byen pase m, menm si mwen te jwe pandan plis tan teknikman.

Sa pa diferan de lavi espirityèl nou. Senpleman lè yon moun ekspoze a yon enfòmasyon, sa pa vle di li absòbe li, konprann li, anbrase li, epi viv li. Byenke se vre kwasans espirityèl la pran tan, se pa vre ke lagras ki sanktifye a se rezilta anpil tan tout bon, oswa menm yon sou — rezilta lè yon moun ekspoze nan kilti kretyen an.[26] Legliz ranpli ak moun ki pase plizyè lane depi yo kretyen — men lavi yo pa reflete anpil bagay sou Lespri Jezi. Yo renmen kritike, yo etranj, sinik, negatif, epi egoyis. Anpil nan yo menm jan ak George ki nan youn nan ansyen kongregasyon mwen yo: yo p'ap vin menm jan ak Jezi deplizanpli chak ane. Rezon an trè senp.

---

26. White, 59.

3. Kwasans espirityèl se pa tèlman yon kesyon tan, paske li se kowoperasyon ak Bondye ak fòmasyon volontè. Moun ki te ekri Ebre a di, « Paske menm si nan moman sa ou ta dwe anseye, ou bezwen pou yon moun anseye ou ankò eleman debaz orak Bondye yo. Ou bezwen lèt, se pa manje solid; paske tout moun k ap viv de lèt, se ti bebe toujou, yo pako kalifye nan mond jistis la. Men manje solid se pou moun ki gen matirite, pou sila yo ke fakilte yo te *fòme nan fè pratik* pou distengen byen ak mal. Kidonk, an nou avanse vè pèfeksyon, an nou kite dèyè konesans debaz sou Kris la » (Ebre 5.12–6.1, mete aksan sou li).[27] Baze sou fraz « nan moman sa, » nou ka asime pati sa nan Ekriti a te ekri bay kwayan ki te kretyen depi kèk tan deja. Olye yo vin pwofesè nan cheminman lagras la atravè mo ak egzanp yo, yo toujou ap manje manje ti bebe. Pakou pou manje repa granmoun epi vin yon Kretyen ki gen matirite se nan fòmasyon pwòp tèt yo nan lajistis — fòmasyon ki ta pèmèt yo rekonèt diferans ant byen ak mal epi distenge sa ki bon ak sa ki pi bon. Sa prale nan sans pèfeksyon kretyen, oswa yon matirite nan Kris ki pèmèt kwayan ki repanti yo vire do bay aspè lachè ki toujou rete nan kè a.[28]

---

27. Wesley te renmen dekri sanktifikasyon an kòm pèfeksyon kretyen an, li te menm bay katechis doktrin ki pi selèb li a tit Yon kont òdinè sou pèfeksyon kretyen. Li te endike nan agiman ke eksperyans lanmou pafè, oswa « Bondye pèfeksyone nan lanmou, » ka reyalize nan lavi sa a: « (1) gen yon bagay tankou pèfeksyon; paske li mansyone anpil fwa nan Ekriti a. (2) Li pa tèlman bonè kòm jistifikasyon; paske moun ki jistifye dwe 'antre nan pèfeksyon.' (Eb. 6.1) (3) Li pa two ta tankou lanmò; pake Sen Pòl pale de moun ki vivan ki te pafè. (Filipyen 3.15). » Wesley, Yon kont òdinè sou pèfeksyon kretyen, Annotated, eds. Randy L. Maddox ak Paul W. Chilcote (Kansas City, MO: Beacon Hill Press of Kansas City, 2015).

28. John Wesley, nan yon mesaj ki gen tit « Repantans kwayan yo, » te mete aksan sou nesesite repantans san rete pou Kretyen ki ta ap pouswiv lavi sen an. Nan yon dokiman yo te bay nan yon konferans sou sentete, youn nan pwofesè teyoloji mwen nan seminè a, Rob L. Staples, te deklare, « Ou ka konprann sanktifikasyon konplè a kòm yon angajman total nan destine theosis [renouvèlman nan imaj Bondye] nou ak yon repantans san rete ak netwayaj de tout sa ki anpeche oswa ki afebli angajman sa, oubyen sa Wesley rele 'repantans kwayan yo' ke li di se 'bagay ki nesesè nan chak etap ki vini apre nan pakou Kretyen nou.' » Staples, « Bagay ki ka souke ak bagay ki pa ka souke

Fraz « fòme nan fè pratik » la nan ekriti Ebre yo entrigan. Li enplike efò volontè, e li enplike ke kretyen yo patisipe nan pwòp kwasans espirityèl nou nan Kris. Gen anpil lòt egzanp : « Ekipe tèt ou ! Konstwi lafwa ou ! Fini kous la ! Siveye kè ou ! » Sa yo se kòmandman biblik pou travay nan mond ke Bondye ap travay nan nou an. Se fòmasyon ki presi ki akonpli pratik sa — oswa pa mwayen lagras — ke John Wesley rele travay pyete ak travay mizerikòd.[29] Travay pyete genyen ladan l mwayen lagras ki te etabli tankou lapriyè, lekti Labib, jèn, resevwa Sent Sèn, batèm, ak pase tan ak lòt Kretyen yo. Travay mizerikòd yo se mwayen lagras tou pandan w'ap sèvi lòt moun, tankou « nouri moun ki grangou, abiye moun ki toutouni, divèti etranje a, vizite sila yo ki nan prizon oswa malad, epi enstwi sa yo ki mal enfòme. »[30] Nou pratike mwayen lagras la menm lè nou resevwa yo kòm kado ; patisipasyon nou obligatwa.[31]

Men, nou dwe fè atansyon pou nou pa konfonn patisipasyon ak kontwòl. Nou pa kontwole kwasans espirityèl nou — oswa menm lakoz li fèt. Gen bagay ki sou kontwòl nou. Nou ka fè yon apèl telefòn, kondui yon machin, oswa al fè yon komisyon. Gen bagay tou ke nou pa ka fè anyen kont yo. Nou pa ka chanje klima a. Nou pa ka chanje jèn nou. Gen bagay nou ka kontwole ak sa nou pa ka kontwole — toulede egziste.

---

nan teyoloji sentete a » Regade konferans sou sentete, Northwest Nazarene University, 9 fevriye 2007.

29. « Mwen konprann nan 'mwayen lagras la' siy ekstèn, mo, oswa aksyon Bondyen òdone, epi fikse pou motif sa, pou nou se kanal òdinè kote li ta ka transmèt, lagras ki vini avan, lagras ki jistifye a, oswa lagras ki sanktifye a.« Wesley, » Mesaj 16 : y-1872-edition/sermon-16-the-means-of-grace/. Kèk fwa, yo rele mwayen lagras yo disiplin espirityèl tou.

30. Joel B. Green ak William H. Willimon, eds., *Wesley Study Bible New Revised Standard Version* [Etid biblik Nouvo Vèsyon Nòmal Revize a] (Nashville: Abingdon Press, 2009), 1488, nòt « Going on to Perfection (Antre nan pèfeksyon). »

31. Pou plis enfòmasyon sou mwayen lagras la, gade chapit 5, « Lagras ki bay Soutyen an. »

Men, gen yon twazyèm kategori tou : bagay nou pa ka kontwole men nou ka kowopere ak yo. Reflechi sou somèy. Si ou ta janm genyen pitit, ou ka abitye ak lè pou ou di yo ale dòmi. Kèk fwa y ap reponn pou di, « mwen pa kapab ! » Yo gen rezon an pati. Yo pa ka fè tèt yo al dòmi menm jan ou ka fè yon apèl nan telefòn. Antanke paran, nou asire nou ke pitit nou yo ka fè yon bagay pou yo kite dòmi pran yo. Yo ka prepare pou dòmi. Yo ka kouche sou kabann, etenn limyè yo, fèmen zye yo, koute mizik dous, epi dòmi ap pran yo ! Yo pa ka kontwole li, men yo pas an èd nonpli. Yo ka kalme pou dòmi pran yo epi kite dòmi an fofile trankilman. Menm bagay la vrè pou kwasans spirityèl tou. Nou pa ka sanktifye tèt nou oswa fè tèt nou tankou Jezi. Sila ki Sen an rann nou sen. Bondye se sanktifikatè nou. Men, menm jan ak nan sali nou, kowoperasyon an nesesè. Nou pa sove tèt nou, men nou dwe di wi ak lagras ki sove a.

Pwofesè apostola distenge Dallas Willard te di ak selebrite, « Lagras pa kontrè ak efò ; li kontrè ak genyen. »[32] Lagras pou plis pase rejenerasyon, jistifikasyon, ak padon. Lagras nesesè pou cheminman apostola jeneral la. Menm lè sa, petèt gran danje nan tan nou an se pa lè nou panse n'ap fè twòp bagay nan cheminman apostola nou men se lè nou asime nou pa bezwen fè anyen. Pasivite ka danjere menm jan ak legalis. Lè Pòl di pou retire ansyen nou menm epi mete nouvo a, li siman vle di nou dwe fè li avèk èd Bondye. Pòl kategorik sou sa : « Fòme tèt ou nan sentete » (1 Timote 4.7), epi ankò, « Lè y'ap fè konkou pou wè kilès ki ka kouri pi vit, tout moun gen pou kouri. Men, se yon sèl ki gen premye pri a. Nou konn sa, pa vre ? Enben, nou menm tou, kouri pou n' ka genyen kous la. » (1 Korent 9.24).

Gras vle di Bondye te fè tout bagay nou ta ka fè pou tèt nou, men li pa vle di kounyea nou vin konsomatè ki pa kontribye anyen nan relasyon an. Ide twonpè sa eksplike apwoch apostola san entèvansyon

---

32. Dallas Willard, *The great omission* (New York: HarperCollins, 2006), 61.

anpil Kretyen an epi, kòm rezilta, mank kwasans espirityèl ak matirite. Konsa, Dallas Willard te di tou, « Nou konnen, jan Jezi di a, 'Nou pa kapab fè anyen san mwen.' (Jan 15.5) ... Men li t ap pi bon pou nou kwè kote kache vèsè sa se, 'Si ou pa fè anyen se ap san mwen.' Epi sa se pati ki te pi difisil pou nou tande a. »[33] Nou kowopere ak lagras aktif Bondye a lè nou reoryante lavi nou sou aktivite, disiplin, ak pratik sa yo ki te fòme pa Jezi Kris. Anplis, nou patisipe nan yo pa pou nou genyen sanktifikasyon nou men pou akonpli atravè fòmasyon sa nou pa ka fè lè nou senpleman « eseye pi plis. »

4. Kwasans espirityèl se yon efò komen. Lektè oksidantal yo gen tandans pou yo etone pou aspè komen deskripsyon sa Pòl fè de pakou lagras la, byenke anpil kilti ki pa Oksidantal deja konnen nou pa ka fè vwayaj sou wout la poukont nou. Lè l ap li ankò nan trete teyolojik siprèm ki gen rapò ak legliz : « Li [Kris] fè tout kò a ale ansanm pafètman. Pandan chak pati ap fè pwòp travay espesyal li, *l ap ede lòt pati yo grandi*, pou tout kò a ka ansante epi grandi epi plen ak lanmou » (Efèz 4.16, mete aksan sou li). Nenpòt jan vèsè sa yo ta ka parèt etonan pou kilti ki abitye pou bese devan lotèl endividyalis la, ki enkli endividyalis espirityèl, Pòl pa negosye ke apostola nou pa t janm gen objektif pou li yon aksyon an solo. Chak « pati » (endividyèl) kò a enpòtan e li genyen yon travay patikilye pou l fè, men tout travay endividyèl la gen yon objektif deklare ki konbine : pou ede lòt pati a grandi.

Sa se sinèji sen an. « Sinèji » soti nan mo Grèk *synergos*, ki vle di « travay ansanm. » Yo di travay yon gwoup pi plis pase total eleman pati li yo, oswa konbinezon chak eleman pwodui yon pi gwo enpak ke sa yon moun ta ka fè poukont li. Ou jwenn sinèji nan relasyon lanati,

---

33. Willard, *Spiritual formation* n.d., http:// www.dwillard.org/articles/individual/spiritual-formation-what-it-is-and-how-it-is-done.

biznis, espò, ak fanmi. Li se pouvwa entèdepandans, resipwosite, ak mityalite.[34]

Yon egzanp popilè mityalite se relasyon ant zèb ak ti zwazo ki piti anpil yo rele pikbèf yo. Pikbèf yo manje tik ki sou do zèb yo, ki aji tankou yon kalite lit kont ensèk; pikbèf yo fè yon son ki sifle lè yo pè, ki sèvi kòm yon alam pou zèb yo lè predatè yo toupre. Zèb yo founi anpil manje pou zwazo yo; zwazo yo bay zèb yo bon ijyèn ak swen sante. De bèt sa yo diferan konplètman nan tèlman anpil fason, men yo chak bezwen lòt la pou li devlope.

Sinèji se mezi yon kò ki ansante tou k'ap grandi epi ki plen ak lanmou pafè (sa Grèk yo rele agape). Responsablite, ankourajman, reprimand, priyè entèsesyon, ak sipò enposib lwen lòt moun. Nou vin yon pèp sen ansanm. Nou tande vwa Bondye pi klèman nan kominote. Lanmou jiskaske li eksperimante nan kontèks relasyon ki reyèl. Pakou lagras la se yon aktivite kolektif![35]

Kidonk isit la yo kòtakòt. De ekwasyon separe pou kwasans nan apostola.

Ekwasyon popilè a:

Sali + Tan + Volonte Endividyèl = Kwasans Espirityèl

Ekwasyon sentete a:

Gras + Kowoperasyon ak Bondye + Kominote kretyen = Resanblans ak Kris

Kretyen yo aple pou grandi nan lagras, ki se yon lòt fason pou di nou dwe grandi pou vin menm jan ak Kris. Nou resevwa nouvo lavi nan Kris pou nou ka grandi nan Kris. Bondye refè, epi refasone. Sa se

---

34. Pou yon konpreyansyon biblik sou entèdepandans ki pi avanse, gade ansèyman Pòl nan Nouvo Testamen sou kò imen an kòm yon metafò pou legliz la (1 Korent 12, Efèz 4). Pou plis sou mityalite, gade ansèyman sou maryaj kretyen (Efèz 5).

35. White, 61. Gade chapit 5 la tou ak aksan sou responsablite kretyen ak lagras ki bay soutyen an.

gras ki sanktifye a. Mwen pa konnen okenn moun ki di li nan fason ki pi kaprisye pase C. S. Lewis:

> Imajine tèt ou antanke yon kay vivan. Bondye vini pou rekonstui kay sa. Dabò, petèt ou ka konprann kisa l'ap fè. L'ap ranje drenaj la epi kanpe fuit la nan twati a elatriye; ou te konnen travay sa yo te nesesè pou fèt epi ou pa etone. Men pou kounyea li kòmanse ap frape nan kay la nan yon fason ki fè mal e ki pa fè okenn sans. Kisa l'ap regle konsa? Eksplikasyon an sèke l'ap konstui yon kay toutafè diferan de sa ou te panse a — mete yon nouvo zèl isit la, enstale yon lòt etaj la, monte tou yo, ajoute lakou. Ou te panse li t'ap fè yon ti kay desan pou ou: men se yon palè l'ap konstui. Li gen entansyon vini epi viv ladan l li menm.[36]

Bondye pa sèlman sove nou, men li transfòme nou tou. Li aksepte nou kote nou ye a men li renmen nou ase pou li pa kite nou la. Li reimajine, refè, epi refasone. Lè nou ofri tèt nou nan konsekrasyon konplè epi abandone nou nèt bay Bondye Papa a, Bondye Lespri Sen an netwaye epi pirifye kè nou, refè nou nan imaj Bondye Pitit la. Nou vin menm jan ak Jezi nan panse, mo ak aksyon nou. Kay nou anba nouvo jesyon.

«Sentete vle di gen yon kwen nan lavi ou ki fèmen pou kontwòl Jezi Kris.»[37] Nou retire men nou sou volan an epi kite Jezi pran kontwòl epi bay lòd yo. Nou di, «Ou se Sovè mwen (sali); kounyea mwen mete ajenou epi mwen fè ou Seyè mwen (sanktifikasyon).» Li mete nou apa pou yon objektif sen, epi lanmou pafè Bondye a kòmanse koule nan

---

36. C. S. Lewis, *Mere Christianity* (New York: Touchstone, 1996), 175–76.
37. Mwen te premye tande Dennis Kinlaw isilize fraz sa nan mesaj chapèl yon seminè an 1991. Se te premye fwa mwen sonje mwen te konprann kisa kontwòl Bondye sou lavi mwen se pa t yon dezi pou manipilasyon de Bondye men se yon dezi pou entimite. Nan estimasyon mwen, Kinlaw se te youn nan meyè predikatè sou sentete nan fen ventyèm syèk la ak kòmansman venteyinyèm syèk la, jiska lanmò li an 2017.

nou. Nou kòmanse renmen Bondye vrèman ak tout kè, lespri, ak fòs nou, ak pwochen nou menm jan ak tèt nou.

Sanktifikasyon konplè a defini

Kèk dènye mo sou kisa sanktifikasyon konplè a vle di. « Konplè » pa fè referans ak yon travay ki konplè Bondye nan nou, men nan yon sans ki reyèl, li se finisyon. Bondye ap travay san rete nan nou ak sou nou, kidonk nan sans sa, chedèv lavi nou kontinye jiska rezireksyon final tout bagay, ki enkli glorifikasyon nou.[38] Nou antye epi nou « konplete nèt » pa lagras ki sanktifye a jan nou ka ye nan moman sa. Lavi nou make pa esplandè mayifik *shalom* nan. *Shalom* se sa Bondye konsevwa nan kreyasyon epi fasone nan lavi nou. *Shalom* vle di sètènman lapè, men li vle di tou totalite, finisyon, inite, e chak pati ap travay nan amoni ak objektif *(telos)* li te kreye pou li a.

Sanktifikasyon konplè, jan nou te diskite deja a, se yon renonsyasyon tenas pou tout yon vi a egzistans ki santre sou tèt pa ou (lachè) ak soumisyon san rete nan obeyisans san rezistans ak fason ak volonte Bondye. Jan Jezi te di ak gran presizyon :

« Epi li di yo tout : Si yon moun vle mache dèyè m' [disip], se pou li bliye tèt li [lachè]. Se pou li chaje kwa l' sou zèpòl li chak jou, epi swiv mwen. » (Lik 9.23).[39] Rezilta yon lavi ki tèlman konsantre sou lakwa

---

38. « Glorifikasyon » fè referans ak eta yon kwayan apre lanmò ak rezireksyon final tout bagay. « Atravè gras Bondye n'ap glirifye finalman — resisite ak Kris lè li retounen epi transfòme nan resanblans konplè, pou savoure glwa li pou tout tan. » Greathouse ak Dunning, *Yon entwodiksyon sou teyoloji wèsleyen an*, 54. Anplis, Diane LeClerc fè referans ak glorifikasyon an kòm sanktifikasyon final nan « sans yon moun ki soti nan prezans peche. » LeClerc, 313.

39. Nan referans ak ide ke sanktifikasyon konplè a enplike yon renonsyasyon a tèt pa ou lachè pandan tout yon vi api pran kwa ou, « J. O. McClurkan, lidè youn nan branch sid premye Mouvman sentete a, mansyone dènye aspè lavi sanktifye a antanke 'yon lanmò ki pi pwofon a tèt ou,' ki nan reyalite ta dwe fèt nan tout lavi kretyen an, apati de eksperyans, li te rekonèt se pa tout lavi ki ta ka konprese nan yon moman eksperyans . » *Pursuing the divine image*, Kindle Location 853. Pou plis diskisyon sou sa, gade William J. Strickland ak H. Ray Dunning, *J. O. McClurkan: His Life, His Theology, and Selections from His Writings* (Nashville: Trevecca Press, 1998).

se manifestasyon resanblans ak Kris nan lanmou pafè pou Bondye ak pwochen an.

Dizyèm Atik sou Lafwa pou Legliz Nazareyen an define sanktifikasyon an konsa:

> Nou kwè tout sakrifis la se aksyon Bondye, jenerasyon apre jenerasyon, ki rann kwayan yo lib de peche orijinèl la, oswa depravasyon, epi ki ramne yo nan yon eta devosyon konplè pou Bondye, ak obeyisans sen nan lanmou ki rann li pafè a.
>
> Li fòje pa batèm oswa lè li ranpli ak Sentespri, epi li konpoze yon eksperyans netwayaj kè a de peche ak Prezans Sentespri a ki rete, ki demere, ki bay kwayan an pouvwa pou lavi ak sèvis. Se san Jezi a ki bay sanktifikasyon konplè a, ki opere pa lagras nan lafwa a touswit, ki vini apre konsekrasyon konplè a; epi Sentespri a temwanye travay sa ak eta lagras la.
>
> Nou kwè ke lagras sanktifikasyon konplè a genyen ladan l, enpilzyon diven pou grandi nan lagras tankou yon disip Kris. Men, enpilzyon sa dwe nouri nan fason ki konsyan, epi jwenn atansyon patikilye nan kondisyon ak pwosesis devlopman ak amelyorasyon espirityèl nan karaktè ak pèsonalite Kris. San efò detèmine sa, temwanyaj yon moun ka febli epi lagras la nan li menm fristre epi pèdi finalman.
>
> Lè li patisipe nan mwayen lagras la, espesyalman nan fratènite, disiplin, ak sakreman legliz la, kwayan yo grandi nan lagras ak nan lanmou ak tout kè pou Bondye ak pwochen li.[40]

Nou dwe fini diskisyon nou an sou lagras ki sanktifye a, ak yon kesyon senp: Pou ki rezon? Poukisa dezi sentete a nesesè? Kisa k ap prèv yon lavi ki make pa resanblans ak Kris?

---

40. Manyèl Legliz Nazareyen: 2017–2021, «Sentete kretyen ak Sanktifikasyon konplè» (Kansas City, MO: Nazarene Publishing House, 2017), 31–32.

Nou retounen nan lanmou pafè a. Sanktifikasyon konplè a pa pi wo nivo moralite. Li se pi gwo fòm lanmou ki bay tèt li. Sanktifikasyon antye a se lanmou sen ki vin konplè nan nou. Ke Wesley te defini sanktifikasyon konplè a kòm lanmou pafè se yon bagay ki byen koni. Se te kontni patikilye ansèyman li an sou sentete. Mildred Bangs Wynkoop soulve pwen sa, lè li deklare: « Diskisyon Wesley sou nenpòt segman verite kretyen te mennen li nan lanmou rapidman. 'Bondye se lanmou.' Chak aspè nan ekspyasyon an se yon ekspresyon lanmou; sentete se lanmou; sa 'relijyon' vle di se lanmou. Pèfeksyon kretyen an se pèfeksyon lanmou. Chak pa Bondye fè vè lèzòm, ak repons lèzòm etap pa etap, se yon aspè lanmou. »[41]

Pou retounen nan pwen depa a, Wynkoop ajoute, « *Pou di sentete kretyen an se rezon egzistans, ki vle di, fason nou angaje nan tout sa nou renmen, epi se yon gran kòmandman vreman.* »[42] Pou rezime, lanmou se sa ki pi enpòtan an. Nenpòt bagay ki pa lanmou pa atenn nòt elve ki fikse kòm « rezon egzistans » yon lavi sen. Tout konpreyansyon sanktifikasyon konplè san lanmou, di, legalis, kritik epi pwofàn. Agape (lanmou kretyen) se lanmou ki kenbe tout lòt lanmou natirèl yo nan lòd kòrèk yo.[43] Agape gide, entèprete epi kontwole tout lòt dezi yo. Akoz nou ankouraje pou ogmante nan

---

41. Mildred Bangs Wynkoop, A *theology of love* (Kansas City, MO: Beacon Hill Press of Kansas City, 1972). 36.
42. Wynkoop, 36.
43. Pou yon eklèsisman sou rezime kat tèm Grèk pou renmen yo — eros, storge, philia, ak agape — mwen rekòmande anpil egzekèz kout Wynkoop la ki gen tit « Love and Fellowship (Lanmou ak amitye. » Li bay agiman ke tout agape se lanmou natirèl ki egzije yon ti efò. Agape se pa sèlman yon dimansyon lanmou diferan, men se yon kalite tou ke yon moun kòmande lavi, ke sèlman plenitid Kris la rann posib. « Lanmou nou rele lanmou kretyen an, se pa yon ranplasman pou lòt lanmou, ni li pa yon bagay ki ajoute nan lanmou sa yo, men li se yon kalite antye nan moun nan paske li santre nan Kris. Oryantasyon pèsonèl ki defòme a, ki andomaje lòt relasyon paske li itilize yo pou avantaj pèsonèl (souvan nan fason ki pi sibtil epi sounwa), mennen yo nan plenitid lè li rete nan prezans Sentespri a. Nan relasyon sa tout lòt relasyon lavi amelyore epi vin bèl epi sen. » Wynkoop, 38.

agape a, nou konprann ke nou resevwa li epi li ranfòse; li se alafwa yon kado e li grandi nan nou pa prezans Sentespri a ki demere. Efò a nesesè, men lagras la livre.

Nou atire pa lanmou sen an nan chèche lagras (ki vini anvan an). Nou kaptire pa lanmou sen an atravè lagras ki sove a. Nou pirifye epi li mete nou apa pa lanmou ki sen an atravè lagras ki sanktifye a. Nou grandi pandan n ap abonde nan lanmou ki sen an. Se konsa nou eksperimante lavi nan abondans la nan Kris. Kounye a n ap retounen nan kesyon enpòtan an sou fason lagras la soutni nou epi defann nou nan pakou apostola a.

5
LAGRAS KI BAY SOUTYEN AN

Koulye a tout lwanj, tout grandè, tout pouvwa ak tout otorite pou yon sèl Bondye a, pou Bondye ki ka kenbe nou pou nou pa tonbe, li menm ki kapab fè nou parèt san repròch ak kè kontan devan l' nan tout bèl pouvwa li. Li menm, sèl Bondye ki delivre nou gremesi Jezikri, Segnè nou an, wi, se pou li tout lwanj, tout grandè, tout pouvwa ak tout otorite, depi nan tan lontan, koulye a ak pou tout tan. Amèn.
—Jid 1.24–25

Rive nan yon pwen nan lavi chak Kretyen kote yon bagay kòmanse leve sou yo. Kèk fwa sa rive touswit, epi kèk fwa sa rive pi devan pandan cheminman lagras la: kèk aspè lavi mwen rete san mwen pa abandone yo bay otorite Kris. Gen plas nan kay ki remodle mwen an (pou tounen nan reprezantasyon C. S. Lewis la) ki rete fèmen pou travay Bondye.

Paske Bondye angaje san rete nan sentete nou, ki rann nou deplizanpli tankou Jezi, Sentespri a kòmanse sonde, « Èske tout bagay pou mwen ? Èske chak pati nan ou se pou mwen ? Èske gen yon bagay ou ap kenbe ? »

Premye repons nou ka se pou di, « Ou ka gen tout bagay men (ranpli espas vid la). Mwen te ba ou 99 pousan nan mwen. Èske pa gen anyen mwen dwe kenbe pou mwen ? Èske ou ap tann tout bagay ? »[1]

Avèk lanmou pasyan, ak devouman inebranlab pou reyalizasyon objektif iltim (telos) apostola nou, Lespri Jezi a chichote, « Wi tou ou menm. San pousan. Pa kenbe anyen. »

Pou ou pou Bondye antyèman se patisipe nan tout lavi Bondye te pwomèt la. Toutotan nou soumèt plis nan nou bay Bondye, se toutotan gen plis lapè ak jwa ki vini. Oswald Chambers kwè lavi etènèl sa se pa yon kado ki soti nan Bondye men yon kado Bondye. Anplis, puisans espirityèl Jezi te pwomèt disip li yo apre rezireksyon li ak nan previzyon Pantkot la se pa yon kado ki soti nan Sentespri a, men se puisans Sentespri a (Travay 1.8). Rezilta a se don lavi ki abondan ki ogmante ak chak abandon nan men Bondye. Yon lòt fwa ankò ide Chambers la bay eklèsisman : Menm sen ki pi fèb la ka fè eksperyans pouvwa deyite Pitit Bondye a, lè li vle 'lache priz.' Men anpil efò pou 'reziste' a dènye ti kras pwòp pouvwa pa nou ap sèlman diminye lavi Jezi a nan nou. Nou dwe kontinye lache priz, epi dousman, men siman, lavi abondan Bondye a ap anvayi nou, penetre chak pati. »[2]

Kè imen an se pwen peche ak dezobeyisans, men li se pwen lagras ak sentete tou. Nan lagras ki chèche a, Bondye chèche kè nou ; nan lagras ki sove a Bondye kapte kè nou ; nan lagras ki sanktifye a, Bondye netwaye kè nou. Predispozisyon nou fè nou pase de kè yon sèvitè a kè yon pitit. Nou dekouvri nou p'ap sèvi Bondye ankò pa pè pou sa ki ta ka rive si nou pa obeyi ; nan plas sa, nou resevwa yon kè lanmou ki ban nou yon dezi pou obeyi. Pa bay tèt ou manti, men :

---

[1]. « Pran prekosyon pou pa janm panse, 'O, bagay sa ki nan lavi mwen an pa twò enpòtan.' Lefè ke li pa twò enpòtan pou ou ka vle di ke li enpòtan anpil pou Bondye. Yon pitit Bondye pa ta dwe konsidere anyen tankou yon kesyon banal. Anyen nan lavi nou pa yon senp detay ensiyifyan pou Bondye. » Chambers, 76–77.

[2]. Chambers, 74–75.

reklamasyon Kris nan tout pakou lagras la se pa pou pi piti pase tout nou menm — ann antye, konplè, ansanm.

Sentete vle di, mete apa pou yon objektif sen, pou tèlman ranpli ak Lespri Jezi a ke eta lespri a, motivasyon yo, ak atitid nou tankou Kris. Nou renye tèt nou, ki vle di nou renonse ak dwa nou pou « mwen. » Nou pran kwa nou, ki vle di nou transfere dwa nou bay Jezi. Men kontradiksyon ki etonan an : nan renonse dwa nou pou « mwen » epi nan transfere dwa nou bay Jezi, nou jwenn lavi. Lè nou pèdi lavi nou nan Kris, nou jwenn li. Sila ki refize tèt li a Bondye, pèdi finalman ; ou pa ka reprann sa ou bay Bondye. « Ou mouri nan lachè, epi lavi ou kache ak Kris nan Bondye » (Kolòs 3.3). Konsekrasyon an total.

Konsekrasyon nou bay Bondye se sous sanktifikasyon nou. Nou pa ka sanktifye tèt nou ; nou pa fè nou sen. Lespri Jezi a fè sa. Sa pa ase pou vle vin tankou Jezi. Dezi a pa ase, epi imitasyon an ap rive lwen konsa. Nou dwe gen Lespri Jezi a nan nou, oswa jan Pòl di a, Kris dwe fòme nan nou (Galasi 4.19).

Nan anpil fason, Farizyen yo te pi bon pèp nan tan Jezi a. Yo te gen moral, yo te pwòp, epi yo te bon. Men, bonte yo te sitiye nan modifikasyon konpòtman yo ak nan entansyon pou yo sen atravè yon sistèm jesyon peche ki pa t janm trete kè yo. Yo te vle bon epi mennen lavi ki pi, men renonsman a tèt yo se te an reyalite egoyis, epi nan pote kwa pa yo a, sa te fè yo renmen mwens. Yon moun ka jere deyò a sèlman pandan lontan anvan andedan an pran larelèv. Jan nou te mansyone anvan, nenpòt sa ki nan kè ou ap soti finalman. Kretyen farizyen an — youn ki eseye mennen yon vi sen ak efò li dirije poukont li ak lachè — ap toujou manke lanmou pafè paske sa pa ase pou vle menm jan ak Jezi. Lespri Jezi a dwe nan nou. Sa se fondman sentete nan kè a. Lagras la nesesè pou bay pouvwa, pèmèt, epi mennen yon vi ki sen.

Dallas Willard eksplike lavi sen an egzije reyèlman plis lagras pase tout tantativ pou imite Jezi ak angajman pèsonèl : « Si ou ta vrèman renmen nan lagras ki konsome a, sèlman mennen yon lavi ki sen. Vrè gras ki konsime tankou yon avyon 747 boule gaz nan dekolaj la. Vin kalite moun ki fè sa Jezi te fè epi te di pa woutin. Ou ap konsome pi plis gras lè ou mennen yon lavi ki sen pase sa ou ap konsome lè w'ap peche paske chak aksyon sen ou fè ap genyen pou li konfime pa gras Bondye. Epi konfimasyon sa se favè Bondye nou pa merite totalman nan aksyon. »[3] Nou dwe genyen angajman konstan lagras ki bay soutyen an nan men Bondye — lagras ki kenbe nou pou nou pa tonbe a (Jid 1.24).

Lè nou di sa, lagras ki bay soutyen an pa ka refize bezwen pou patisipasyon nou. Nan chapit 4 la, nou te wè gras vle di Bondye te fè tout bagay nou pa te ka fè pou tèt nou, men li pa vle di kounyea nou vin « konsomatè lagras » ki pa kontribye anyen nan relasyon an. Nou kowopere ak lagras aktif Bondye a lè nou reoryante lavi nou sou aktivite, disiplin, ak pratik ke Jezi te modle yo. Nou patisipe nan yo pa pou nou genyen sanktifikasyon nou men pou akonpli atravè fòmasyon ke nou pa ka fè lè nou eseye pi plis.

Jistis ki transmèt

Petèt kèk mo sou diferans ant jistis ki atribye ak jistis ki transmèt la ap itil. Dapre Diane LeClerc, jistis ki atribye a se « jistis Jezi kredite pou Kretyen an, ki pèmèt Kretyen an jistifye apre. Bondye wè moun atravè jistis Kris, men li pa pale de transfòmasyon ak netwayaj entèn moun nan pa Bondye. » Jistis ki transmèt la, nan lòt mo, se « yon kado lagras Bondye bay nan moman nouvèl nesans yon mou. Bondye kòmanse pwosesis pou rann nou sen an. »[4]

---

3. Willard, *The great ommission*, 62.
4. LeClerc, 312. Se poutèt sa John Wesley fè referans ak nouvèl nesans lan kòm sanktifikasyon inisyal. Pandan li pa refize lòt la, tradisyon Refòme a gen tandans mete

Diferans ant yo de a pa sibtil jan ou ka panse a. Youn se yon jistis ki kredite — aplike, jan li te ye a ; lòt la se yon jistis ki resevwa, ki demere. Ou ka konprann jistis ki transmèt la kòm kado Bondye ki pèmèt epi bay yon disip Bondye pouvwa pou goumen pou sentete, sanktifikasyon, ak lanmou pafè a. Nan fason ki pi presi, Timothy Tennent kapte diferans lan byen : « Antanke Kretyen, nou konnen ke Bondye pran pechè yo epi li abiye yo ak jistis Kris la (atribye). Apre sa, Bondye travay nan nou chak bon zèv, pou jistis la ki te senpleman atribye pou nou yon fwa vin transmèt ba nou, nan tan reyèl, nan mezi k ap ogmante tout tan. »[5]

Optimis lagras la

Jistis ki transmèt la se sa ki te fè John Wesley tèlman optimis sou potansyèl transfòmasyon an. Lè li rekonèt ravaj konplè peche orijinèl la, Wesley pa't optimis sou nati imen an. Men, li te konvenk totalman ke gras Bondye ta ka transfòme yon lavi soti andedan pou rive deyò.

Yon fwa, mwen te tande zanmi mwen Wesley Tracy fè referans ak li kòm « optimis radikal lagras la. » Pou li reprezante, li te fè yon istwa : Imajine gen yon ti fi ki antre nan dèyè legliz la. Li genyen onz oswa douz an. Rad li sal epi debraye ; cheve li fen epi mele. Li santi mwazi, tankou si li pa't janm pran yon bon beny depi kèk jou. Ou konnen yon ti kras nan istwa li. Lekòl la pa ale byen. Li gen reta nan kou li yo epi li pa fè nòt pasaj. Ou prèske sèten pwoblèm nan se pa entelèk li, men gen plis chans pou se sa k'ap pase lakay li. Li pa konnen papa biyolojik li, epi manman li te genyen plizyè mennaj li t ap viv avèk yo. Gen rimè sou li konsènan abi sou timoun klete anndan epi mak ki sou bra li yo sanble konfime sa.

---

aksan sou jistis ki atribye a, alòske teyoloji sentete wèsleyen an mete aksan prensipal sou jistis ki transmèt la.

5. Tennent ajoute : « Se sèlman nan nouvo kreyasyon sa fèt nèt, men sanktifikasyon an se apèl pou chak kwayan — pou mete tèt ou apa kòm sen — pou avèk tout kè nou, nou ka louwe Seyè a nan gran asanble a» (Sòm 26.12)

Apre sa Tracy te di, « Yon konpòtmantalis t'ap gade jèn ti fi a epi li di, 'Li pè pou lavi ; gate pou lavi. Gen bagay ki ka rekipere, men l'ap toujou mache ap bwate, epi li p'ap janm kapab vin sa li ta ka ye si anviwònman li te diferan de sa li ye a.' Se sa yon konpòtmantalis t'ap di. » Men Tracy kontinye, « Èske ou konnen kisa yon moun ki kwè nan optimis radikal lagras la t'ap di ? 'Kèlkeswa sa yo te fè li oswa sa li fè tèt li, ti fi sa gen lespwa levanjil la. Bondye ka pran li kote l ye a epi fè de li sa li vle l ye a.' » Oswa jan Wesley ta ka mete li, « Montre m mizerab ki pi abominab nan tout Mond lan, epi m'ap montre ou yon moun ki gen tout lagras apòt yo nan yo menm. »

Optimis sa pran kondisyon pechè nou seryezman, men li pran puisans lagras la pou pran nenpòt moun, nenpòt kote, depi anyen, epi fè li tout sa Bondye vle li ye, pi seryezman toujou.[6] Pa gen okenn doulè ki tèlman fè mal, okenn blesi ki tèlman mal, okenn blesi ki tèlman fon, okenn peche ki tèlman move ke gras Bondye pa ka transfòme, geri, epi fèl konplè ankò.

Padon ak puisans

Cheminman lagras la se transfòmasyon tout moun nan. Li atribye jistis la ; li bay sentete a. Se pa « eseye pi plis » oswa « mete tèt nou ansanm, » men se yon vrè chanjman ki fèt nan lagras ki bay pouvwa a. Nan lòt mo, lagras Bondye nesesè pou padon ak puisans. Nou bezwen klemans pou peche nou (padon), e nou bezwen fòs (puisans) pou viv yon lavi ki onore Bondye. Youn san lòt mennen nan ekstrèm ki danjere. Si nou di, « Bondye ap padone nou, men li pa vreman prete atansyon sou fason n'ap viv lavi ki pa pafè nou paske, apre tou, tout bagay kouvri pa lagras, » nou an danje pou antinomis. Kontrèman, si nou konfime lagras nesesè sèlman pou padone peche nou yo men

---

6. « Jan Wesley ta di, pou refize optimis sa, sa t ap fè pouvwa peche a plis pase puisans lagras la — yon opsyon ki ta dwe enpansab pou yon teyoloji sentete wèsleyen. » LeClerc, 27.

apre sa se nou ki pou pran kontwòl apati de la, nou an danje legalis. Toulede ekstrèm yo danjere ki se obstak nan pakou lagras la. Apòt Pòl pale ak de ekstrèm sa yo lè li di,

« Toujou fè jefò pou nou ka fin sove nèt, avèk krentif pou Bondye, avèk soumisyon devan li. Paske, se Bondye menm k'ap travay tout tan nan kè nou. Se li ki ban nou anvi fè sa ki pou fè l' plezi ansanm ak fòs pou nou ka fè l' vre. » (Filip 2.12-13). Kiyès ki responsab pou kwasans espirityèl nou ? Se travay nou oubyen travay Bondye ? Repons Pòl se wi pou toulede, epi se pa yon kontradiksyon.

Konsidere legalis ekstrèm nan. Legalis nan definisyon teyolojik ki pi strik li se yon nosyon ki twò souliyen ke obeyisans ak règ, règleman ak kòd konduit patikilye yo nesesè pou sali. Lè n ap pale sou plan pratik, legalis la di, nou konnen Bondye te bay sali atravè lakwa Jezi, men ke li pa janm aktyalize nan lavi nou depann de si nou priye anpil, li Labib nou chak jou, epi pran prekosyon pou evite kèk moun ak kèk kote. Nan kè li, legalis la ap eseye fè pou tèt nou sa sèlman Bondye ka fè. Rezilta pou yon moun ki kanpe sou konsève règ yo se yon kantite kilpablite, laperèz, fristrasyon ak ensekirite ki enòm avèk yon ti lagras, lapè oswa asirans ki tou piti. Se yon apostola san gras, ki rive nan ekstrèm ki pi lwen li, vin yon fòm imanis jistis pèsonèl ak yon aparans siperyorite. Legalis yo genyen gwo atant poutèt yo men petèt nòm ki pi wo pou tout lòt moun, ki pa atiran epi ki repouse sila yo ki lye ak legliz la.

Kontrèman ak legalis la ekstrèm antinomis lan se opoze a. Antinomis se yon mo teknik ki soti nan mo Grèk : *anti*, ki vle di « kont, » ak *nomos*, ki vle di « lalwa. » Konbine, sa eksprime ide dezobeyisans lalwa. Byenke li vrè — epi nou te pase yon bon tan ap disktite sou pwen sa — ke yon Kretyen sove pa lagras sèlman, se pa ak bon zèz oswa pwòp aksyon nou, verite sa pa libere nou de obligasyon moral ak espirityèl. Lè n'ap pale sou plan pratik, moun ki antinòm nan di, « Depi gras la abonde poukisa nou pa peche plis pou mwen ka resevwa plis gras toujou ? Paske mwen kouvri pa lagras, mwen pa gen okenn obligasyon pou obeyi okenn nòm etik oswa moral. Mwen te libere de chaj responsablite. Lanmou kouvri tout. » Otan sa ka sanble pa lojik (ak pa pratik), se eta despri kèk Kretyen. « Pa mande m okenn angajman serye oswa sakrifis pèsonèl. Mwen fini ak pote yon chaj espirityèl ki lou sou zepòl nenpòt moun paske sa mennen nan kilbabilite demode ak legalis. Mwen nan lagras. »[7] Notaman, byenke John Wesley pa't yon legalis, li te kwè nan fason panse antinòm nan pou ki se yon danje ki pi gran toujou pase legalis la epi li te konsidere antinòmis lan erezi ki pi mal paske li devalorize lanmou pafè a. Lanmou san sentete se pèmisiv ; sentete san lanmou se severite.

Nan 1751, John Wesley te ekri yon lèt bay yon zanmi, pifò kwayans, pou reponn akizasyon ke prèch li yo te swa twò legalis oswa twò pèmisiv (antinòm). Repons li a te enstriktif : « Mwen pa t'ap konseye preche lalwa san levanjil la plis pase levanjil la san lalwa. San dout toulede ta dwe preche nan tou pa yo ; wi, toulede alafwa oswa toulede nan youn. » Wesley rezime sa li vle di pa « toulede nan youn » konsève nan tansyon : « Bondye renmen nou, kidonk renmen epi obeyi li. Kris te mouri pou ou ; kidonk mouri a peche. Kris resisite ; kidonk li leve nan imaj Bondye a. Kris ap viv plis ke jamè ; kidonk viv nan Bondye toutotan ou ap viv nan li nan laglwa. ... Sa se chemen Pawòl la, chemen Metodis la, vrè chemen an. Don Bondye nou ka pa janm vire do ba li la, sou bò dwat oswa sou bò goch. »[8]

Kidonk kisa li ye ? Èske sali nou ak kwasans espirityèl nou se travay Bondye oswa travay nou ? Pòl te klarifye l: se pa « swa ... oswa » men « toulede ... ak. » Sali konplè a se kado Bondye depi nan kòmansman

---

7. Nan yon konvèsasyon ak Wesley, savan Cliff Sanders konsènan legalis ak antinomis, Sanders te soulve yon pwen enteresan : « Senkant an de sa, legalis te pi gwo defi pou legliz evanjelik yo. Jodia, gen plis chans pou se antinomis, antanke lit patikilye anpil jèn adilt ki te leve nan legliz e ki vle kite lanmou sen an. »

8. John Wesley, « Lèt sou prèch Kris la » *The Works of the Rev. John Wesley*, Volim 6.

jiska lafen. Se gras Bondye a ki chèche nou, sove nou, sanktifye nou, epi soutni nou. Men, li egzòte nou tou, ankò epi ankò pou nou fè tout efò pou kowopere ak Sentespri a k ap travay nan lavi nou (Lik 13.24 ; Filip 2.12-13 ; 2 Timote 2.15 ; Ebre 12.14 ; 2 Pyè 1.5-7 ; 3.13-34).[9]

Lagras se pou alafwa padon ak puisans. Se konsa lagras ki soutni an kontribye nan apostola nou nan patenarya imen — diven an. Bondye kòmanse, nou reponn. Bondye rele, nou koute. Bondye gide, nou obeyi. Bondye ba nou pouvwa, nou travay « Dabò, Bondye travay ; kidonk ou ka travay, » Wesley te di. « Dezyèman, Bondye travay ; kidonk ou dwe travay. »[10]

Nesesite lib abit la

Sijè chapit sa se lagras ki soutni an, ki se lagras ki pèmèt nou fè sa Bondye rele nou pou fè a epi pou viv lavi ki sen. Liv Jid Nouvo Testaman an fè referans ak gras sa a, nan benediksyon, kòm puisans Bondye ki kenbe nou pou nou pa tonbe epi ki lakoz nou rete irepwochab devan li nan dènye jou a. Deklarasyon sa kominike yon verite ki enpòtan anpil sou apostola nou : nou ka tonbe nan disgras, men lagras Bondye ki soutni an rann li posib pou sa pa rive.

Te gen yon lè kèk predikatè ki gen bon entansyon sou sentete te di depi yon moun sanktifye li p'ap janm peche ankò. Pwoklamasyon sa te pwodui anpil konfizyon ak konstènasyon pami Kretyen ki sensè yo ki te pasyone de mach yo ak Kris ki te dekouvri ke non sèlman li te posib pou kilbite epi tonbe, e sa te fèt ase souvan, espesyalman nan limyè mesaj ki di yo sanktifikasyon konplè a ka remedye pwoblèm nan. Se pa sa tou senpleman — rezon an se paske lib abit nou pa janm soti nan ekwasyon an. Lib abit la rete pou toujou nan lavi yon kwayan paske li baze sou nesesite relasyon an. Lanmou se relasyon, e

---

9. Gade aksan nan chapid 2 a travay nan mond ke Bondye ap travay nan nou an »
10. Wesley, « Mesaj 85 : Lè nou travay sou sali nou », 3.2, http://wesley.nnu.edu/john-wesley/the-sermons-of-john-wesley-1872-edition/sermon-85-onworking-out-our-own-salvation.

chwa a se yon eleman ki nesesè nan tout relasyon ki sen. An reyalite, imaj Bondye a grave nan nou, e sa ki restore nan plenitid Kris la se kapasite pou relasyon sen epi ki gen lanmou.

Istwa kreyasyon nan Jenèz la edifyan. Yon Bondye souveren pale ak inivè a pou l vin nan egzistans ak ti kras efò ke lapawòl ki pale a : « Se pou gen ... ». Règ Bondye a absoli epi dominasyon li pa gen parèy — poutan, sa ki etonan, libète imen an mare nan twal kreyasyon an. Akoz puisans san parèy Bondye pou kreye epi soutni, libète sa enprevi paske, jan nou te aprann dènyèman an, li pa sèlman pèmèt chwa klè èt imen yo, men yo gen potansyèl tou pou ede oswa domaje bon pawòl florisan Bondye. Toupuisan an, pèmèt chwa nou yo konte, ak gwo risk.

Nan premye paradi a, Bondye Seyè a te kòmande lòm, « Ou mèt manje donn tout pyebwa ki nan jaden an. Men, piga ou manje donn pyebwa ki fè moun konnen sa ki byen ak sa ki mal la. Paske, jou ou manje l', w'ap mouri. » (Jenèz 2.17). Li te bay pouvwa pou chwazi a nan kòmandman an. Dabò, yon moun ta ka panse sa enjis de Bondye. Poukisa Bondye ta kòmande yon bagay pandan li konnen nan moman ou di yon moun li pa ka fè sa, se a sa li panse sèlman ? Èske se te yon pyèj pou tantasyon ? Non : Bondye pa t tante yo. Li te ba yo yon chwa. Toulede pa menm bagay. Nan kòmandman an se yon rekonesans lib abit (oswa volonte libere).[11] Volonte libere nesesè pou lanmou egziste nan yon relasyon.

Si madanm mwen te fòse renmen m e li pa t gen okenn chwa nan kesyon an, nou t'ap toujou gen yon relasyon, plizoumwen, men li pa t'ap yon maryaj. Poukisa ? Paske si mwen te gen tout kontwòl, li t'ap

---

11. Mildred Bangs Wynkoop raple nou ke aksan prensipal John Wesley te plis sou gras lib la pase volonte. Kidonk, sila yo ki nan tradisyon wèsleyen an t'ap pale nan fason ki pi egzak de « lib abit, » la ki fè referans ak volonte Sentespri a bay pouvwa epi libere, ki rann li posib pou yon moun konfese lafwa nan Jezi Kris nan fason ki aktif. Tout chemen sali a se Bondye, pa lagras sèlman. Wynkoop, *Foundations of Wesleyan-Arminian Theology*, 69.

vin yon bagay ki pa lanmou. Li t'ap vin yon otomat, yon wobo ki pa ka aji volontèman nan okenn lòt fason. Yon sèl fason nou ka pataje yon maryaj ki sen se si nou toulede gen chwa pou renmen lòt la. Se la vrè risk pou renmen an egziste : li ta ka chwazi pa renmen mwen.

Lè Bondye te fè èt imen yo, li te mete yo nan yon bèl jaden ki plen ak lavi ak bonte. Se te lagras pi paske se Bondye ki te kòmanse epi bay li san okenn kontribisyon de yo. Men, Bondye pa t fè yo wobo ki te fòse pou fè volonte li. Yo te ka chwazi ant byen ak mal. Yo te gen chwa pou renmen Bondye, oswa non. Se te prèske kòm si Bondye t ap di, « Fè bagay sa paske mwen se Bondye. Obeyisans ou se yon chwa. Mwen vle relasyon sa baze sou lanmou, se pa kontwòl. » Bondye ba nou yon lib abit pa paske li vle tante nou men paske li vle pou nou chwazi li an retou. Se lè sa sèlman l'ap yon relasyon volontè ki anrasine nan lanmou.

Soren Kierkegaard te kwè yon volonte ki soumèt se siy yon kè li rann pi : « Pite nan kè se dezire yon sèl bagay. » Kontrè yon kè ki pi se doub espri, ki reflete tou nan volonte. Repons pou si moun ki sanktifye konplètman an pa ka janm peche ankò se wi. Li posib pou tonbe nan disgras paske yon moun toujou lib pou reponn Bondye oswa tantasyon an. Pou lanmou, se ap toujou chwa pa nou. Poutan men gwo diferans yon lavi ki soutni pa lagras : kounye a nou gen pouvwa pou nou pa oblije peche. Atravè pouvwa lagras ki soutni an, nou ka di wi a Bondye epi non a tantasyon. Lafwa nou pwoteje pa puisans Bondye, blende pa yon lespwa vivan atravè rezireksyon Jezikri ki soti nan lanmò (1 Pyè 1.3–4).

Nan yon konfesyon fran, Pòl admèt ke, anvan Lespri a, peche te sou kontwòl lavi li nan fason ki tèlman fò ke se te tankou yon chèf misyon yon esklav. « Mwen pa fè byen mwen vle fè a, men mwen fè mal mwen pa vle fè a. » (Women 7.19) Li te trape nan sik visye pou li pa vle fè yon bagay men li pa kapab reziste a, epi pou li vle fè yon bagay men li pa ka akonpli li. « Kilès ki va delivre m' anba kò sa a k'ap trennen m' nan lanmò ? » (7.24). Kounye a li anba pouvwa Sentespri a, Pòl kontinye, li ka di wi a Bondye epi non a tantasyon.

« Gremesi Jezikri, Seyè nou an, mwen ka di : Mèsi Bondye ! Lalwa Sentespri a ap fè nou viv ansanm ak Jezikri, li delivre nou anba lalwa peche a ansanm ak anba lanmò. » (7.25 ; 8.2). San Sentespri a, volonte imen nou fèb epi enpuisan pou obeyi ; ak Sentespri a, nou gen pouvwa pou obeyi. Se pa kòmsi sila yo ki sanktifye pa ka janm peche ankò, men kounyea yo gen pouvwa pou yo pa peche. Diferans lan se lagras ki soutni Bondye a ki kenbe nou pou nou pa tonbe.

Fidelite byen fonde sou lafwa ak plenitid. Jan Wesley te kouri ajoute, Sentespri a ranfòse volonte nou, pou nou ka pwodui « tout bon dezi, ke li gen rapò ak atitid, mo, oswa aksyon, nan sentete andedan ak deyò. »[12]

Lagras ki bay soutyen an kòm transfòmasyon karaktè

Nan liv ki itil epi konpreyansif anpil li a sou apostola, *After You Believe (Lè ou fin kwè)*, N. T. Wright etabli kijan karaktè ki sanble ak Kris la fòme nan moun ak legliz. Li fè referans ak li tankou kwasans long men regilye nan lagras la ki vini tankou rezilta pratik ak abitid espirityèl ki fòme nan lavi yon moun, ki transfòme yo deplizanpli nan imaj Jezikri. Ansyen ekriven yo te rele fòmasyon karaktè sa « vèti. »

Wright kòmanse liv la lè li rakonte vrè istwa Chesley Sullenberger a ankò, ke nou konnen pi byen kòm « Sully. » Se te yon jedi apre midi, 15 janvye 2009, e se te tankou nenpòt lòt jou nan Vil New York. Avyon komèsyal la te dekole a 3.26 p.m. nan destinasyon pou Charlotte. Sully te kapitèn nan. Li te fè tout verifikasyon woutin yo, epi tout bagay te sanble nòmal jiskaske, sèlman de minit apre dekolaj la, avyon an te frape ak yon gwoup zwazo. Toulede motè yo te domaje grav epi yo te pèdi puisans yo. Avyon an te nan direksyon nò sou Bronx, youn nan pati ki pi peple nan vil la. Sully ak ko — pilòt la te

---

12. Wesley, « Mesaj 85 : Sou travay sou pwòp sali nou, » III.2.

dwe pran gran desizyon, epi rapid. Lavi plis pase 150 pasaje, ak plizyè milye moun anplis atè a, te an danje.

Ti èpòt ki pi pre yo te twò lwen, epi ateri sou Otowout peyaj New Jersey a t'ap yon dezas. Sa te kite yo yon lòt opsyon sèlman : ateri sou Rivyè Hudson. Nan twa minit sèlman anvan aterisaj la, Sully ak ko — pilòt la te fè kèk bagay ki vital pou anpeche yo kraze. (Wright mansyone nèf teknik ak travay diferan). Yo te fè li, nan fason ki remakab ; yo te ateri avyon an sou Rivyè Hudson. Tout moun te desann nan tout sekirite, ak Kapitèn Sully ki t'ap monte desann nan koulwa a plizyè fwa pou verifye ke tout moun te sove anvan li desann li menm.[13]

Anpil moun te di se te yon mirak nan yon sèten nivo, se te siman yon mirak. Poutan ki kote mirak la te ye ? Paske mirak vini sou plizyè fòm diferan. Èske mirak la se nan pwoteksyon ak oryantasyon sipènatirèl men Bondye ? Sètènman li posib. Men, gen yon lòt fason pou gade sa. Petèt mirak la se te vèti Sully ki te fè li kapab reponn ak vitès ki tèlman teknik anba presyon entans. Si itilizasyon mo « vèti » nan fason sa sanble etranj, se paske vèti se pa sèlman yon lòt fason pou di « bon » oswa « moral. » Wright agimante ke vèti, nan sans ki pi strik mo a, « se sa k pase lè yon moun te fè yon milye ti chwa, ki egzije efò ak konsantrasyon pou fè yon bagay ki byen epi ki kòrèk men ki pa 'vini natirèlman' — epi apre, nan milye ak premye fwa a, lè sa konte vre, yo twouve yo fè sa ki te nesesè a 'otomatikman', jan nou di a. »[14]

Otreman, lè yon bagay sanble sa « jis pase, » nou kòmanse reyalize sa pa sèlman « jis pase. » Jan Wright souliyen an, si youn nan nou t'ap fè yon avyon vole jou sa, epi nou te sèlman fè sa ki soti natirèlman, nou t'ap kraze sou bò yon imèb. Vèti, fòmasyon karaktè — oswa pou bezwen nou, apostola — ki grandi nan lagras

---

13. N. T. Wright, *After you believe* (New York: HarperCollins, 2010), 18–20.
14. N. T. Wright, 20.

pou vin deplizanpli menm jan ak Jezi se pa sa ki fèt natirèlman; se sa ki fèt lè chwa saj epi jidisye vin tounen dezyèm nati nou. Sully pa't fèt ak kapasite pou fè yon avyon komèsyal vole, ni li pa't fèt ak trè karaktè ki devwale nan moman brèf — tankou kouraj, yon men ki fèm, jijman rapid, ak enkyetid pou sekirite lòt moun nan risk pwòp sekirite pa l. Sa yo se kapasite ak karaktè ki nesesè ki egzije pratik ak repetisyon ki presi toutotan tan ap pase — jiskaske ou santi sa ki te fè w jennen ou kòmanse santi li nòmal, epi sa ou te konn santi ki nòmal, ou kòmanse santi li ankre nan lespri ak memwa misk nou, ke nou reyaji olye nou oblije reflechi. Se dezyèm nati a.

Se pa pou ofanse okenn lektè ki ka pilòt, men si mwen te yon pasaje sou avyon k'ap desann rapid sa, mwen pa t'ap renmen yon pilòt debitan k'ap fè sa ki soti natirèlman. Si yo te dwe soti manyèl motè a, verifye sou entènèt, oswa chèche nan memwa yo anvan pou jwenn sa yo te aprann nan lekòl pou vòl la pou yon ijans konsa anvan yo ta ka reponn a kriz yo te janm fè fas ak li anvan an, rezilta a ta ka byen diferan. Konesans pa ase; ni kran ak detèminasyon. Non, Wright ensiste ak enèji, sa ki te nesesè nan moman kriz sa se te vèti pratik yon bagay ki te vin tounen dezyèm nati — yon transfòmasyon karaktè, « ki fòme pa fòs patikilyè, ki se 'vèti' pou konnen egzakteman kijan pou fè yon avyon vole. »[15] Mwen ta ajoute ke se pa't nenpòt avyon, men avyon sa an patikilye — avyon Sully te fòme pou konnen nan fason entim, nan chak detay la.

Ide « dezyèm nati » a kapte atansyon mwen, espesyalman konsènan apostola, sentete, ak cheminman lagras la. Kèk moun pa t'ap dakò ke kalite tankou kouraj, andirans, moderasyon, sajès, bon jijman, ak pasyans pa vini natirèlman nan nou. Se bagay nou aprann epi ki ankre nan karaktè nou, kèk fwa atravè sikonstans ki douloure epi difisil men se toujou nan filt konpòtman nou aprann. Yon karaktè

---

15. N. T. Wright, 21.

ki byen etabli — dapre Nouvo Testaman an, e jan Wright defini l lan — se «modèl rezònman ak aksyon ki travèse yon moun, nan fason pou kote ou koupe nan li (kòm si se), ou wè menm moun nan, nan tout pati yo.»[16]

Kontrè yon karaktè ki byen etabli, asireman se sipèfisyalite. Anpil moun ka prezante tèt yo nan kòmansman kòm onèt, janti, pozitif, elatriye, men plis ou rive konnen yo, se plis vrè koulè k'ap afiche. Moun sa yo senpleman afiche yon bon fasad. «Lè yo fè fas ak yon kriz, oswa senpleman lè yo bese gad yo, yo malonèt, bosal epi enpasyan menm jan ak lòt moun nan.»[17] Kisa pwoblèm nan ye? Yo sèlman fè sa ki soti natirèlman; yo konsyan de tèt yo ase pou konnen atitid yo ta dwe diferan, men yo pa't genyen nouvo abitid dezyèm nati pou reyaji byen ak defi ak desepsyon ki sibit yo. Karaktè yon moun pa fèt nan yon kriz; li revele nan yon kriz. Lè nou pa gen tan pou reflechi, moun nou reyèlman ye a afiche chak fwa.

H. Ray Dunning te montre kijan ekspresyon dizwityèm syèk Wesley yo diferan de itilizasyon kontanporen an. Pa egzanp, akoz li konsène diskisyon nou sou lib abit, «libète» se te ekspresyon li te itilize pou libète chwa, byenke «volonte» se te ekspresyon li te itilize pou fè referans ak sa li rele «afeksyon,» oswa enklinasyon ki motive aksyon imen an. Afeksyon pa fè referans ak santiman ki vini epi ale, ni yo pa chanje pa modifikasyon konpòtman ki tanporè. Yo gen plis pou wè ak nivo rezon yon moun chwazi kèk chwa oswa aksyon, ki pi pwofon. Sa ki gen rapò ki pi pre ak afeksyon se itilizasyon Wesley fè de ekspresyon «atitid» la. Yon tanperaman nan dizuityèm syèk la pa't vle di yon moun te iritab oswa fache fasilman. Olye sa, li te plis aliyen ak jan nou itilize «tanperaman» jodia. Wesley te itilize atitid nan sans «yon dispozisyon andirans oswa abityèl yon moun.»[18] Oswa

---

16. N. T. Wright, 27.
17. N. T. Wright, 27.
18. Maddox, 69.

nan fason ki pi egzak, afeksyon imen ki konsantre epi ki devlope pou vin aspè andirans nan karaktè yon moun, ki kiltive pa mwayen lagras, jiskaske yo pa evènman momantane men yo vin vèti alontèm epi stab, epi lè yo fèt ak entansyon ki jis, « atitid sen. »

« Atitid sen » se yon fraz ki te itilize souvan nan ansèyman Wesley sou apostola, espesyalman nan refleksyon li sou fwi Lespri nan Galasi. « Men, Lespri Bondye a bay renmen, kè kontan, kè poze, pasyans, bon kè, seriozite, li fè ou gen bon manyè. Li fè ou aji ak dousè, li fè ou konn kontwole kò ou. » (Galasi 5.22-23). Plizyè fasèt nan tèks sa vo lapèn pou souliyen. Pou youn, Wesley te mansyone ke fui a te sengilye, pa pliryèl (« fwi »). Si li te pliryèl, yon moun ta ka tante pou konsantre sou yon « fui » pase yon lòt, tankou nou ta ka konsantre sou fidelite epi inyore jenewozite. Fui a antanke yon ansanm ki ini bay prèv ke Lespri Bondye a ap travay. Yo pa karakteristik ki endepandan. Apre sa, toutotan n ap grandi, tout nèf varyete fui yo travay ansanm pou fè yon imaj atiran de kijan sa sanble lè Lespri Sen an nan kontwòl yon lavi konsakre. N. T. Wright endike ke Pòl, « pa anvizaje espesyalizasyon. »[19] Menm jan yon moun ka idantifye yon pye pèch pa rapò ak fwi li pwodui, se menm jan yo rekonèt yon Kretyen pa fwi Lespri a — atitid sen ki demontre nan lavi yon moun. Se pa etonan Wesley te kouri ajoute ke lanmou kòmanse lis atitid sen yo paske tout nèf yo se ekspresyon lanmou. Men, pandan cheminman lagras la, tout karakteristik Kris yo ap manifeste nan lavi nou.

Petèt sa ki pi enpòtan pou konprann pou cheminman lagras la sèke ou pa eksperimante atitid sen sa yo nan fason enstantane. Men, jan Randy Maddox eksplike, « Lagras Bondye ki rejenere (sove) a reveye 'semans » vèti sa yo yon nan kwayan yo. Apre sa, semans sa yo ranfòse epi pran fòm toutotan n'ap 'grandi nan lagras.' Akoz libète a, kwasans sa enplike kowoperasyon ki responsab, paske nou ta ka

---

19. N. T. Wright, *After you believe*, 195.

neglije oswa toufe kapasite ki plen ak gras Bondye a. »²⁰ Tèlman gen bagay pou dekòtike nan eksplikasyon Maddox la. Men, ide prensipal nou pa dwe rate a se ou dwe nouri vèti a pou li ogmante.

Pa gras Bondye, nou sove epi sanktifye nan yon moman, e nou otorize pou kòmanse cheminman vè resanblans ak Kris — semans jistis yo plante. Nan yon souf — nou pran lagras ki garanti, nou resevwa libète pou kite yon lavi peche ak enterè pèsonèl pou nou ka renmen Bondye ak tout kè nou, nanm nou, fòs nou, ak lespri nou. Men, twa vèti dirab yo lafwa, lespwa ak lanmou (1 Korent 13.13) ak nèf varyete fwi ki soti nan lavi ki ranpli ak Lespri a, toulede se don epi yo grandi. Fwi Lespri a pa parèt toudenkou, ni li pa « grandi otomatikman » jan Wright di sa kòrèkteman. San dout, gen endikasyon inisyal ki pwomèt ke fui a nan wout. « Anpil Kretyen, an patikilye lè yon konvèsyon sibit te antrene yon detounman dramatik de yon stildevi plen ak 'zèv lachè,' yo repòte pwòp etònman yo sou dezi ki jayi nan yo pou yo renmen, padone, pou yo dou, epi pou yo pi. Yo mande, ki kote tout sa soti? Mwen pa't konn konsa. Sa se yon bagay ki mèvèye, yon siy asire ke Lespri a ap travay. »²¹

Chanjman « afeksyon » enkwayab sa yo pa anyen ki pi piti pase yon kado lagras pi. Men, nouvo Kretyen an pa ka vin pasif. Yo dwe travay sou sa Bondye ap travay nan yo a. Menm gras la ki fè chanjman « afeksyon » sa yo posib dwe grandi kounye a pou tounen « atitid sen, » ki kilvite nan nouvo abitid ak pratik li pran. Yon lòt fwa ankò, Wright endike ak presizyon avèk yon imajinasyon apostola ki pasyone : « Sa yo [nouvo dezi yo] se flè ; pou jwenn fwi a ou dwe aprann pou vin yon jadinye. Ou dwe dekouvri kijan pou tann epi taye, kijan pou wouze teren an, kijan pou fè zwazo ak ekirèy yo rete lwen. Fòk ou veye wouy ak mwazi, koupe lyè ak lòt parazit ki souse

---

20. Randy Maddox, Rekonekte mwayen ak rezilta: Yon preskripsyon wèsleyen pou mouvman sentete a, *Wesleyan Theological Journal*, vol. 33, No. 2 (Otòn 1998), 41.
21. N. T. Wright, *After you believe*, 195–196.

lavi nan pye bwa a, epi asire ke ren bwa ki jèn yo ka kanpe fèm nan gwo van yo. Se lè sa sèlman fwi a ap parèt. »[22]

Flè yo se sètènman siy « Kris nan ou, lespwa laglwa » (Kolòs 1.27), men pou jwenn fwi yon matirite reyèl, karaktè Kris la, nou dwe vin tounen jadinye. Semans yo dwe kòmanse pote fwi kounyea. Afeksyon ki abandone yo pwodui atitid ki sen, yon nouvo dispozisyon, ki pwodui rezònman ki menm jan ak Kris, ak aksyon ki kòmanse fonksyone nan mòd dezyèm nati a.[23] « Men ki jan pouvwa Papa m' lan va parèt aklè : se lè nou donnen anpil, lè nou fè wè se disip mwen nou ye. » (Jan 15.8). Flè yo vin tounen fwi — semans yo vin tounen vèti. Puisans enèjetik Bondye a vin tounen lagras ki bay soutyen an.

Vis ak vèti

Pòl reprimande Kretyèn korent yo : « Sonde tèt nou nou menm, egzaminen konsyans nou byen pou wè si n'ap viv ak konfyans nan Bondye. Nou fèt pou nou rekonèt si Jezikri nan kè nou, esepte si nou pa ta kapab bay prèv nou gen konfyans nan Bondye. » (2 Korent 13.5). Nan stil pèspektif abityèl li a, parafraz Eugene Peterson nan apwopriye : « Teste tèt ou pou asire ou solid nan lafwa. Pa ale nan deriv pou pran tout bagay pou aki. Egzamine tèt ou tanzantan. Ou bezwen prèv reyèl, se pa sa w tande, ke Jezikri nan ou. Teste li. Si ou pa reyisi tès la, fè yon bagay sou sa » (vèsè 5–9).

Tchèkòp sante regilye toujou pi bon pase kriz kadyak oswa aksidan serebwo vaskilè. Yon pwoblèm ki detekte bonè ase souvan ka trete. Menm jan, lè ou swiv pwogramasyon mentnans yon machin sa ka evite pàn motè katastwofik an jeneral. Nan tout istwa biblik la, yo te rekonèt peryòd karant jou tankou tan preparasyon, pirifikasyon,

---

22. Wright, *After you believe*, 196.
23. « Langaj Wesley pou aksyon sen 'varye' ant atitid sen sijere ke li apresye sans kote afeksyon abitid yo pote 'libète' pou aksyon imen yo — libète ki soti nan pratik apostola (pa egzanp libète pou jwe yon Bach concerto). » Maddox, 69.

ak pou fè envantè espirityèl.[24] Ou ta ka demontre ke objektif revèy ak konferans yo nan tradisyon sentete a se pou tchèkòp gwoup ak pèsonèl. Jan Pòl site l bay Korentyen yo, kwasans espirityèl egzije sante espirityel. Nan lespri konsèy Pòl la, ensistans Wesley pou kwayan yo rankontre nan ti gwoup responsablite (« rankont klas » jan li rele yo) se te pou pratike disiplin tchèkòp sante espirityèl.

Kisa ki se siy avètisman maladi kè espirityèl ? Siy avètisman ke legliz te klasifye nan sizyèm syèk la, te idantifye kòm « peche mòtèl » oswa « vis mòtèl. » Menm jan kolestewòl ki wo se yon avètisman pou maladi kè epi angrenaj ki pa regilye se siy yon move tansmisyon, kidonk siy sa yo se endikatè tandans yon move sante nan apostola nou epi, sof si yo trete, ka mennen nan lanmò espirityèl. Konpreyansyon legliz la sou vis — yo rele souvan « sèt peche mòtèl — pi ka konprann epi li genyen ladan l sa ki vini annapre yo :

Ògèy : mete tèt ou nan plas Bondye kòm sant ak objektif prensipal lavi yon moun ; pa vle rekonèt plas ou kòm kreyati, ki depann de Bondye.

Ireverans : neglije libreman adorasyon pou Bondye, oswa kantantman ak yon patisipasyon ki sipèfisyèl ; manifeste sinis anvè sa ki sen swa itilize Krisyanis lan pou avantaj pèsonèl ou.

Santimantalite : satisfaksyon ak santiman pyete ak bèl seremoni san efò pou sentete pèsonèl ; okenn enterè pou pote kwa yon moun oswa sakrifis pèsonèl ; yon gran atirans ak espirityalite emosyonèl pase angajman ki mande sakrifis.

Mefyans : refi pou rekonèt sajès ak lanmou Bondye ; enkyetid derezonab, anksyete, pretansye, oswa pèfeksyonis ; tantativ pou gen oswa kenbe kontwòl sou lavi yon moun ak espiritis, timidite eksesif oswa lachte.

---

24. Sezon Karèm nan kalandriye kretyen an baze sou konsèp karant jou egzaminasyon pèsonèl la.

Dezobeyisans : rejte volonte Bondye ; refize aprann nati Bondye jan li revele nan Ekriti Sen an ; brize konfyans nan iresponsablite, trayizon, ak fè moun desepsyon ki pa nesesè ; brize kontra legal oswa moral.

Tèt di : refize chèche epi fè fas ak peche ou, oswa konfese yo devan Bondye ; jistifikasyon pèsonèl lè w kwè peche ou pa enpòtan, natirèl oswa inevitab ; refize mande padon epi rekonsilye ak pwochen ou, pa vle padone tèt ou.

Vanite : pa bay Bondye ak lòt moun kredi pou kontribisyon yo nan lavi ou ; vante, egzajere ak konpòtman pretansye ; twòp enkyetid pou « byen. »

Awogans : lè ou dominan epi renmen diskite ; enkonseyab epi obstine.

Resantiman : rejè talan, kapasite oswa opòtinite Bondye ak lòt moun ofri pou byennèt nou ; rebelyon ak rayisans Bondye oswa lòt moun ; sinis.

Anvi : ensatisfaksyon ak plas nou nan lòd kreyasyon Bondye ; manifeste jalouzi, malis, ak kontantman pou lòt moun oswa pou « byen » lòt moun.

Konvwatiz : refi pou respekte entegrite lòt kreyati yo, ki eksprime nan akimilasyon bagay materyèl pou pwouve sa ou vo ; itilize lòt moun nan avantaj pèsonèl ou ; kèt estati ak pouvwa nan dezavantaj lòt moun.

Avid : gaspiyaj resous natirèl oswa posesyon pèsonèl ; ekstravagan oswa viv pi gran pase mwayen ou ; manifeste anbisyon ki depase oswa dominasyon lòt moun ak pwoteksyon san rezon « byen » ou ; materyalis ; avaris.

Glouton : abi apeti natirèl pou manje ak bwè ; kèt demezire pou plezi ak konfò ; manifeste nan entanperans ak mank disiplin.

Pasyon : move itilizasyon sèks, ki enkli enpidisite, enpidè, pidisite, ak kriyote; pa rekonèt maryaj kòm relasyon Bondye òdone pou seksyalite.

Parès : refi pou reponn ak opòtinite pou kwasans, sèvis ak sakrifis; enkli parès espirityèl, mantal, oswa tach fizik; neglijans fanmi; endiferans ak enjistis oswa moun k ap soufri nan mond lan; neglijans sila ki nan nesesite, ki sèl epi ki pa popilè yo.

Siy avètisman yo ka an soudin men danjere pou nanm nan. Lè nou vle vin byen sou plan fizik, nou chanje kèk modèl stildevi epi fè chwa ki gen rapò ak nouvo dezi nou — kèk fwa medikaman nesesè pou konplete oswa konpanse sa kò nou pa ka pwodui pou kont li. Verite a sèke, kò nou nou ale pi byen lè nou pa fè reparasyon rapid. Li pi bon pou gen mentans regilye epi kontini. Lavi fonksyon apostola a menm jan. Tout moun dakò, yon moun pa ka debarase de kèk abitid ki pa bon senpleman san ou pa ranplase yo ak yon lòt bagay, yon bagay ki pi bon. Dwe genyen ranplasman yon byen ki pi solid pase sa deranje ki anplas la. Nenpòt moun sou wout pou rekiperasyon kont adiksyon ap di ou ke ou dwe ranplase depandans lan ak yon bagay. Dwe gen yon pasyon espirityèl ki pi wo pou deplase pasyon pechè ki pi ba a. Menm jan tou, dwe genyen yon pwogram mentnans pou amelyore cheminman lagras la — yon fason regilye, sistematik pou kenbe apostola nou nan nivo pèfòmans ki wo.

Ki ranplasman byen ki ranplase vis mòtèl la ? Ki plan mentnans lagras ki bay soutyen an ? Nouvo Testaman an idantifye ranplasman byen an kòm fui Lespri — vèti lavi bay ki ranplase ensten lachè nou ki pi ba yo. Plan mentnans regilye epi sistematik la rele disiplin espirityèl. Atlèt pwofesyonèl yo fè tou, detire epi soulve pwa — se pa pou amizman oswa paske yo annwiye men paske yo detèmine pou atenn yon objektif. Tchèkòp espirityèl yo pa bezwen gwo oswa operasyon anvayisan. Yo ka tchèkòp byennèt. Medikaman byen ki ranplase a se fwi Lespri a ; plan mentnans sante pou amelyore kapasite nou pou resevwa aktivite Bondye a se disiplin espirityèl. Yo se eleman esansyèl lagras ki soutni an.

Disiplin kòm yon mwayen lagras

Ekriven Ebre a rekonèt enpòtans disiplin espirityèl: « Lè y'ap pini nou, sa yon ti jan vle fè nou plis lapenn pase pou l' ta fè nou kontan. Men pita, moun ki soti byen elve apre tout pinisyon sa yo, yo pral mennen yon lavi byen dwat ak kè poze. » (12.11). Disiplin ka gen yon konotasyon ki negatif, si ou gade l tankou pinisyon pou sa ou fè ki mal. Men, jan Ebre yo rekonèt li, genyen tou yon bagay tankou disiplin pou pwoteje oswa rann pi fò. Sa se aspè disiplin ke Ebre yo t ap fè referans ak li a.

« Enben, sipòte soufrans sa yo tankou si se papa nou k'ap pini nou. Paske soufrans sa yo se prèv Bondye konsidere nou pou pitit li. Nou janm tande yon papa ki pa janm pini pitit li ? Si Bondye pa pini nou tankou tout papa pini pitit yo, sa vle di nou pa pitit lejitim Bondye tout bon, nou se pitit deyò. » (12.7-8).

De bagay pou nou note : (1) ekriven an pa't ka imajine timoun ki pa benefisye de disiplin paran yo ; (2) ekriven an anvizaje disiplin tankou yon kalite lanmou sen. Pou renmen yon timoun, sa enkli disiplin. Sa se pa pini yon timoun si ou refize l pitza a minui, pou fikse yon kouvrefe, oswa refize libète pou gade nenpòt sa yo vle sou Netflix Paran saj la konnen sa pa pinisyon ; sa se preparasyon pou lavni yo. Sa ka sanble enjis pou timoun nan, menm kriyèl, men rive yon jou yo aprann apresye limit paran ki gen lanmou yo te fikse pou pwoteje yo epi ede yo devlope pou vin adilt ki fonksyone nan tout kapasite yo epi ansante. Nan menm fason an, Bondye disipline nou vè sentete. Sa ka pa sanble plezan nan moman an, men li plante semans pou fwi lapè pou yon lavi ki jis, epi — pa rate sa — nou dwe antrene ladan l.

E. Stanley Jones te di ak sajès: «Ou pa ka rive nan sali pa disiplin — se kado Bondye. Men ou pa ka kenbe li san disiplin.»[25] Konsènan fòmasyon karaktè a, yo te bay Augustine kredi pou definisyon vèti antanke «yon bon abitid nan akò ak nati nou.» Anplis, Jones site abitid senp Jezi kòm yon egzanp yon moun ki te depann totalman de Bondye epi ki te disipline pèsonèlman nan abitid li yo: «Li te fè twa bagay pa abitid: (1) 'Li te kanpe pou fè lekti jan koutim li te ye' — li te li Pawòl Bondye pa abitid. (2) 'Li soti sou montay la pou priye jan koutim li te ye'—li te konn priye pa abitid. (3) 'Li te anseye yo ankò jan koutim li te ye' — li te transmèt lòt moun sa li te genyen ak sa li te jwenn pa abitid. Abitid senp sa yo se te koutim fondman lavi li.[26] Abitid sen fòme disip ki ansante. Lè nou retounen nan ide Wesley a sou atitid sen, li te kwè yo te fòme nan Kretyen an pandan y'ap patisipe nan lavi legliz la nan pratik abityèl li te rele «mwayen lagras la» — ke yo rekonèt tou kòm disiplin espirityèl. Mwayen lagras se kanal lagras ki transfòme Bondye a — aktivite sa yo se kanal aktivite Bondye nan nou nan cheminman lagras la.

Pou Wesley, mwayen sa yo te transmèt atravè sa li rele travay pyete ak travay mizerikòd. Travay pyete a se prensipalman sa nou fè pou amelyore relasyon pèsonèl nou ak Kris. Travay mizerikòd la konekte ak sa nou fè pou angaje nan ministè ak misyon Bondye nan mond lan. Toulede travay pyete ak travay mizerikòd yo gen yon eleman endividyèl (sa nou ka fè poukont nou) ak yon eleman komen (sa ki dwe fèt ak èd lòt moun).

Travay pyete endividyèl genyen ladan l meditasyon sou ekriti yo, lapriyè, jèn, pataje lafwa ak lòt moun (evanjelizasyon) ak bay resous nou yo nan fason ki jenere. Travay pyete komen genyen ladan

---

25. E. Stanley Jones, *Conversion* (Nashville: Abingdon Press, 1991), ki site nan Devosyon klasik Richard J. Foster ak James Bryan Smith, eds.: Lekti chwazi pou moun ak gwoup (Englewood, CC: Renovaré, 1990), 281.

26. Jones, 282.

l adorasyon pataje, patisipe nan sakreman Kominyon sen ak batèm kretyen an, responsablite youn de lòt (yo rekonèt tou kòm « konferans kretyen »), etid Labib, ak prèch. Yon lòt fwa ankò, nou fè aktivite relijyon sa yo pa senpleman paske nou se kretyen men tou paske yo se antrènman espirityèl Lespri a ensifle k'ap refòme epi resikle lanmou ou … kont pratik fòmasyon, avèk rityèl ki fasone lafen ak litiji ki fasone lanmou » paske atravè pratik sa yo nou aprann mete rad Kris la. (gade Kolòs 3.12-16).[27]

Sakreman yo kòm yon mwayen lagras

Plis detay sou enpòtans sakreman yo ap itil pou cheminman lagras la. Mo « sakreman » soti nan yon mo Laten ki vle di « sanktifye, konsakre » oswa « rann sakre, sen, » ki li menm soti nan mo Grèk pou « mistè. » Lè ou aliyen yo ansanm, yon sakreman se « yon mistè sakre. » John Wesley te prete definisyon yon sakreman li a nan katechis Liv priyè Anglikan an (ki prete l nan definisyon konsi Augustine nan), ak yon lejè adaptasyon pou plis klarite : « Yon siy ekstèn de yon gras entèn, ak yon mwayen nou resevwa siy lan. »[28] Lè'l konbine ide mistè sakre ak mwayen yo, N. T. Wright dekri sakreman kòm « okazyon sa yo lè lavi syèl la kwaze nan fason misterye ak lavi latè a. »[29] Kèk tradisyon kretyen obsève plis sakreman pase lòt. Dabitid, Pwotestan yo defann de : batèm ak Ekaristi (yo rele tou Sent Sèn a oswa Kominyon Sen).[30]

John Wesley ankouraje anpil « yon patisipasyn deprè sou tout òdonans yo (disiplin espirityèl), »[31] men espesyalman Ekaristi a. Li te fè referans ak li kòm « gran kanal la » kote gras la transmèt ba

---

27. James K. A. Smith, , 68–69.
28. Rob L. Staples, *Outward Sign and Inward Grace* (Kansas City, MO: Beacon Hill Press of Kansas City, 1991), 21. Mete aksan sou li.
29. Wright, *After you believe*, 223.
30. Rezònman pou de sakreman yo se yon preferans pou pratike sa Jezi Kris te enstitye yo sèlman (ke yo rekonèt tou kòm « sakreman dimanch yo »).
31. John Wesley, Yon kont òdinè sou pèfeksyon kretyen, Annotated, 45.

nou, epi li menm idantifye patisipe nan Kominyon an kòm premye etap nan travay sali nou.[32] Yon pwendvi dinamik konsa te baze sou kwayans li ke Kominyon an plis pase yon senbòl pou sonje lanmò Kris la men nou eksperimante prezans reyèl Kris, pa Sentespri, lè nou resevwa Sent Sèn nan.[33] Sa te mennen Wesley pou tire de konklizyon konsiderab. Premyèman, akoz lagras prezan an pwolonje pou Kretyen ki gen pouvwa k'ap viv, yo ta dwe resevwa Kominyon an si souvan ke li posib. Dezyèman, akoz prezans Sentespri nan Kominyon an egal ak lagras ki sove, lagras ki sanktifye ak lagras ki bay soutyen Bondye ki deja disponib, li ta ka konsidere tankou yon «òdonans konvèsyon»[34] — yon moun ki gen yon kè ki repanti ta ka sove — epi kòm yon mwayen pou pwomosyon sentete a. Pwendvi elve sou Kominyon sa te pouse teyolojyen Nazareyen Rob Staples konsidere Ekaristi a kòm «sakreman sanktifikasyon»an.[35]

Batèm se plis pase yon senp rityèl oswa temwanyaj piblik. Li vle di nou mouri epi resisite ak Kris. «Se sak fè, avèk batèm nou an nou te antere ansanm avè l', nou te mouri ansanm avè l' tou. Men, menm jan Papa a te fè l' leve soti nan lanmò avèk gwo fòs pouvwa li, konsa tou nou menm nou ka mennen yon lòt lavi.» (Women 6.4). Yon moun pa flote nan wayòm Bondye a—finalman dwe genyen yon lanmò a peche ak ego epi resisite nan nouvo lavi a.[36] Batèm

---

32. Maddox, 202.

33. «Lè Jezi di 'souvni', mo Grèk la se *anamnesis*. Li plis pase yon souvni istorik. Li endike yon souvni ki enspire pa Sentespri ki anonse evènman ki soti nan pase a nan prezan an tankou yon fason 'l ap pase ankò' nan fason literal.» J. D. Walt, Pen Pwodig, *Seedbed Daily Text*, 24 avril 2020, https://www.seedbed.com/ wilderness-wonder-bread/.

34. «Òdonans konvèsyon» se yon fraz John Wesley te itilize pèsonèlman. Staples, Siy andedan ak deyò lagras la, 252. Apati de temwanyaj pwòp manman li ki te resevwa asirans konplè de fwa li pandan li t'ap pataje Kominyon, ak anpil lòt temwanyaj eksperyans tankou sa, Wesley te vin konvenk ke moman Ekaristi a «'re — prezante' sakrifis yon fwa pou tout Kris la nan yon demonstrasyon dramatik, ki transmèt pouvwa sali a». Maddox, 203.

35. Gade Staples, 201–249.

36. Wright, After you believe, 281.

nan make moman sa. « Batèm nan rann li klè tankou kristal ke tout lavi kretyen se yon kesyon siyen nan lakwa, oswa pataje lakwa, oswa pran kwa a epi suiv Jezi. »[37] Wesley pa t mete batèm nan okenn nan lis fòmèl mwayen lagras yo, men se pa paske li te devalorize batèm nan men akoz premye wòl li nan kominote lafwa a epi antanke yon evènman inik nan lavi yon kwayan. Konsa, pou Wesley, batèm nan make kòmansman lavi sentete, pandan Wesley wè lòt mwayen lagras yo kòm mwayen ki repete nesesèman pou pouswit sentete san rete.[38] Wesley te pi aliyen ak Refòmatè Anglè yo sou pifò pwendvi li sou batèm, men li te gen diferans nan de mwayen enpòtan. Dapre Maddox, Wesley te egzalte « transfòmasyon ki abiye ak gras nan lavi nou » plis pase konfere « padon jiridik nou (yon konsantrasyon sou kilpabilite ak nesesite pou pado). » Se yon distenksyon enpòtan paske sa vle di batèm pa sèlman yon siy ke peche nou yo padone men tou nou geri de nati peche nou ak ripti peche te enflije nan nou an.[39] Anplis, pou Wesley, byenke lagras batèm nan « sifi pou kòmanse lavi kretyen an, » ou dwe patisipe nan fason ki reyaktif epi responsab ak gras ou resevwa pou mwayen lagras la efikas nèt.[40] Nan sans sa, batèm nan se yon siy ak senbòl volonte yon moun pou angaje nèt nan sa ki nesesè pou nouri yon lavi ki sen.

Istwa Nazareyen ak savan Paul Bassett te di mwen yon fwa premye litiji batèm yo anrejistre, apati fen katriyèm syèk la, te genyen ladan l ofisyèl la ki t'ap fè enpozisyon men epi repete mo (parafraz mwen):

---

37. Wright, After you believe 281.
38. Staples, Siy andedan ak deyò lagras la, 98; Maddox, Responsible Grace (Lagras responsab la), 222.
39. Gen diferans ki enpòtan ant tradisyon kretyen Oksidantal (Laten) ak Oryantal (Grèk) pa rapò ak sali a vle di. «Krisyanis oksidantal (Pwotestan ak Katolik) vin karakterize pa yon aksan jiridik dominan sou kilpabilite ak abolisyon, alòske soteryoloji Òtodòks Oryantal la mete aksan plis sou enkyetid terapetik pou geri nati ki mald ak peche nou an. » Maddox, Lagras responsab la, 23. Pwendvi Wesley sou sa batèm vle di enkli touledè men li mete aksan sou aspè geri ak bay lavi a.
40. Maddox, 23.

« Epi kounyea resevwa gras ak gerizon Seyè Jezi Kris, epi ke pouwa Sentespri a travay nan ou, ki fèt nan dlo ak Lespri a pou ou ka vin yon temwen fidèl. Nan rezime, mwen te resevwa lagras ; mwen te geri ; M'ap yon disip Jezi.

Relasyon responsab

Tout diskisyon sou lagras ki bay soutyen an nan lavi apostola a pa t'ap konplè, espesyalman pou sila yo nan tradisyon sentete wèsleyen an, san konte enpòtans relasyon responsab sou plan espirityèl. Wesley devlope yon kad pratik li kwè ki nesesè pou chak Kretyen k ap grandi. Lè li konprann tandans pou egosantris (ki mennen nan mank konsyans pèsonèl), ak tantasyon tenas pou viv lavi ki izole, Wesley te endike senk nivo sa li rele « konferans kretyen. » Sa yo se te sosyete (menm jan ak klas lekòl dimanch ki fèt pou edikasyon ak enstriksyon kretyen), rankont nan klas (plis sou sa pi devan), gwoup (ti gwoup), chwa sosyete (devlopman lidèchip ak ankadreman), ak gwoup repantans (gwoup rekiperasyon).

Byenke tout nivo konferans kretyen te gen avantaj antanke yon mwayen lagras, Wesley te vin kwè rankont klas la te sant kominote kretyen an epi vital pou kwasans nan resanblans ak Kris. Li te vin « metòd » mouvman Metodis la epi ki dwe konsève, se te pi gran kontribisyon sou plan òganizasyon Wesley nan lavi sentete a. Konsantrasyon prensipal li se pa't sou edikasyon kretyen an nan li menm, men sou konpòtman, ki mete aksan sou konsepsyon pratik ak anviwònman ki adapte pi byen pou transfòmasyon espirityèl la. Etid biblik ak ansèyman doktrinal te enpòtan, men yo te rezève pou sosyete yo. Moun yo te nan rankont nan klas pou poze kesyon konsènan pwogrè espirityèl chak manm. Yo te la pou gade youn lòt nan zye epi poze kesyon, « Kijan nanm ou ye ? » Yo te rann youn lòt responsab pou kwasans nan lagras epi ofri tout ankourajman ki te nesesè pou ankouraje youn lòt sou sentete nan kè ak lavi.[41]

Predikatè Pwotestan ki te pi selèb nan dizuityèm syèk la se pa't John Wesley. Deziyasyon sa se pou yon lòt Anglè, George Whitefield. Yon predikatè elokan epi dinamik, yo te konsidere Whitefield sou plan inivèsèl tankou vwa Pwotestantis la nan tout mond Oksidantal la epi youn nan fòs mouvman Gran Revèy nan Amerik Dinò a.[42] Wesley ak Whitefield se te bon zanmi, e yo chak te admire kontribisyon lòt la pou ranfòse legliz la. Men, alafen, travay Wesley a te dire, pa Whitefield la pa't dire. Adam Clarke, yon jèn kontanporan Wesley, te atribye fwi dirab revèy wèsleyen an dirèkteman ak rankont klas la.

> Mwen konnen apati long eksperyans pwopriyete konsèy Mesye Wesley: «Etabli rankont klas nenpòt kote w'ap preche epi genyen moun k'ap koute ak atansyon; paske nenpòt kote nou te preche san nou pa fè sa, pawòl la te tankou semans bò lari a.» Se te pa mwayen sa [lagras] nou te otorize pou etabli legliz pèmanan epi sen nan mond lan. Mesye Wesley te wè nesesite pou sa depi nan kòmansman. Mesye Whitefield ... pa't swiv li. Kisa ki te konsekans yo? Fwi travay Mesye Whitefield mouri ak li. Pa Mesye Wesley yo rete epi miltipliye.[43]

Whitefield pou kò l, nan repons a yon kesyon sou enpak revèy wèsleyen an, te reflechi pi ta: «Frè mwen Wesley te aji ak sajès; nanm ki te reveye sou ministè li, li te reyini nan klas [rankont], epi konsa ki te prezève fwi travay li. Mwen te neglije sa, epi pèp mwen an se yon kòd an sab.»[44]

---

41. Seksyon sa sou rankont klas la adapte nan liv sou ministè iben an. Pou plis detay sou konferans kretyen ak enpak rankont klas sou Metodis la, gade David A. Busic, *The City* (Kansas City, MO: The Foundry Publishing, 2020).

42. Harry S. Stout, *The divine dramatist* (Grand Rapids: Eerdmans, 1991), xiii–xvi.

43. J. W. Etheridge, *The life of Rev. Adam Clarke* (New York: Carlton ak Porter, 1859), 189.

44. Etheridge, 189.

Apostola ka pèsonèl, men li pa dwe prive. Kretyen ki izole yo an danje paske lafwa izole pwodui feblès ak disip ki pa gen fwi. Adorasyon pataje ak edikasyon kretyen benefik epi nesesè, poutan san yon lavi pataje ansanm nan lanmou ak relasyon entim, konbine ak aplikasyon konesans nou resevwa a, n'ap goumen pou « reyisi pwòp sali nou » (Filip 2.12). Sekrè pou kwasans sen epi kontan nan lagras se fraz Wesley te repete « veye youn sou lòt nan lanmou. »[45]

Mizerikòd metriz pèsonèl

Aprann priye, jene, li pawòl la, reflechi, etid senplisite, solitid, soumisyon, sèvis, konfesyon, adorasyon, ak responsablite relasyon tout se egzanp mwayen lagras yo. Sa yo ansanm ak lòt disiplin espirityèl menm jan ak yo, fè pati pasèl lagras ki bay soutyen an.

Ou ta ka di, « mwen pa gen aptitid pou bagay sa yo ! » Antre nan klèb la. Reyalite a sèke pèsonn pa gen yon aptitid pou yo an premye. Yo pa twò atreyan e yo mande anpil travay ak pratik san rete. Pa bliye, avèk èd Lespri a, ansyen nati nou an transfòme an yon nouvo jiskaske sa ki pa't soti natirèlman jiska prezan yo vin tounen dezyèm nati epi « jiskaske Kris fòme nan ou » (Galasi 4.19). Petèt se poutèt sa metriz pèsonèl site kòm karakteristik final fwi Lespri a. Metriz pèsonèl nesesè paske fwi a pa otomatik. Flè yo montre premye siy potansyèl, men san yon konsantrasyon nan amoni ak atansyon volontè, pa gen anpil chans pou fwi an rive nan matirite.

Wright endike nan fason literal ke ou ka pretann genyen kèk fwi lespri : « Tout varyete fwi Pòl mansyone isit la yo relativman fasil pou fè sanblan, espesyalman nan jèn moun, an sante, ki gen kè kontan yo — sof metriz pèsonèl. Si se pa la, sa toujou vo lapèn mande si aparans lòt kalite fwi a se sa sèlman, yon aparans, olye yon siy reyèl

---

45. John Wesley, «Nati, konsepsyon, ak règleman jeneral sosyete ki ini yo», *Works*, 9.69.

ke Lespri a ap travay. »⁴⁶ Kidonk, se pa etonan ke metriz pèsonèl koresponn nan fason souzantandi ak angajman detèmine pou kiltive lavi sentete. Gen anpil parazit, anpil pye bwa ekstratèrès k'ap menase pou bouche pye bwa k'ap pote fwi a, anpil predatè ki prèt pou wonje rasin oswa rache fui a anvan li mi. Dwe gen yon chwa lespri, kè, ki konsyan, epi ki vle fè fas ak ènmi sa yo san mizerikòd Sèlman paske ou ap « viv nan Lespri, » pa fè swiv direksyon Lespri a otomatik. Ou dwe chwazi pou fè sa. E ou kapab.⁴⁷

Lagras ki bay soutyen an : espirityèl epi pratik

Lagras ki bay soutyen an alafwa espirityèl epi pratik. Li espirityèl paske li pran Lespri a. Menm jan fwi fizik se pwodui natirèl yon èt vivan, se menm jan fwi espirityèl la se pwodui Sentespri a. Nou pa ka fabrike travay pwofon Bondye a nan nou pa pouvwa Sentespri a — se sa ki soti deyò, e nan sans sa, se toutafè yon kado. Pliske li pratik tou ; toutafè senp, li mande pratik. Pratik sa yo pran fòm jadinaj nan fason pou sa ki te kòmanse nan nou an « jouk li va finil nèt » (Filip .6) epi « pwodui yon rekòt jistis » (Filip 1.11). Okenn kiltivatè ki plante mayi nan lendi pa atann pou l manje zepi mayi dimanch k'ap vini an. Soti nan semans rive nan rekòt, sa mande kwasans ak tan. Dlo ak reyon solèy nesesè, yo dwe aplike fètilizan, epi move zèb yo dwe koupe si nou vle jwi benefis rekòt la.

Nou se yon kilti tout bagay enstantane : kafe enstantane, pòpkòn ki fèt nan fou mikwo — ond, ak entènèt gran vitès. Moun nan kafe yo ap rele sou òdinatè pòtab yo si yo pran plis pase kèk segond pou konekte sou Wi-Fi a. Atant pou tout bagay fèt menm kote a fè tout moun enpasyan. Ki kote sa soti ? Mwen konsève se yon dezi pou gratifikasyon enstantane ki anrasine byen fon ki alimante l, ki pa yon fenomèn modèn — li te ak ras imen an pandan anpil tan. Byenke

---

46. Wright, *After you believe*, 196.
47. Wright, *After you believe*, 196–197.

gen anpil egzanp nan Ekriti a de viris mòtèl ki se gratifikasyon enstantane, Esau — ki renonse dwa kòm premye pitit la — se pi tris la. Move repitasyon li te fikse apre yon long jounen lachas ki pa reyisi. Lè li retounen nan kan lakay li, li te afame. Frè jimo rize li a, Jacob, t'ap prepare yon ragou pwa lantiy wouj sou dife a. Esau mande manje. Toujou ap kalkile, Jacob negosye yon akò : « Vann mwen dwa ou kòm premye pitit dabò« (Jenèz 25.31).

Dwa kòm premye pitit oswa dwa denès la (yo rele tou lwa primojeniti), se te yon lwa komen eritaj ki te garanti privilèj finansye ak otorite familyal pou pitit gason ki pi gran an — yon benediksyon prestijye epi rantab. Pou Jacob mande Esau vann yon byen ki tèlman gen valè pou yon bòl soup, sa te depase. Repons Esau a te depase menm jan : « Mwen pral mouri. Kisa dwa kòm premye pitit la ap sèvi m' ? » (25.32). Li te dakò negosye byen ki te gen plis valè epi pi presye li a pou yon gratifikasyon enstantane — literalman, yon bòl pwa wouj.

Ou pa ka inyore iwoni. Ki kalite moun enpilzif ki t'ap negosye yon bagay ki gen yon valè enfini epi ki inestimab pou yon moman gratifikasyon enstantane k'ap fini nan yon ti moman ? Poutan, kilti gratifikasyon enstantane nou fè sa tout tan : negosye yon bagay ki gen valè enfini epi inestimab pou yon bagay yo konnen ki vo mwens — yon bagay dirab pou yon bagay ki pa dire anpil tan. « Mwen vle sa mwen vle a, epi mwen vle li kounyea ! Mwen vle satisfè apeti mwen, menm si sa koute mwen tout bagay. » Se pa etonan ekriven Ebre a konpare aksyon Esau a ak peche imoralite : « Pa kite pesonn tonbe nan move vis, ni pèdi respè yo dwe genyen pou bagay ki fèt pou respekte, tankou Ezaou ki te vann dwa li kòm premye pitit pou yon plat manje. Nou konnen ki jan pita, lè li te vle resevwa benediksyon papa li, yo te mete l' sou kote. Malgre tout kriye li te kriye bay papa a, pa t' gen mwayen chanje sa ki te fin fèt la. » (Ebre 12.16-17). Se yon leson trajik, difisil pou aprann ki pa dwe rete san repons. Disiplin nesesè pou lavi sanktifye a, epi ou pa ka rakousi pwosesis disiplin nan.

Yo aklame Tiger Woods kòm youn nan pi gwo jwè gòlf nan listwa. Lè mwen te yon jèn gason ki t'ap aprann gòlf, mwen te eseye imite estil li. Mwen te vle touche yon gwo atak tankou Tiger, frape fè mwen yo ak yon presizyon ekstrèm tankou Tiger, eklate avèk yon touche soup tankou Tiger, epi frape ak menm konfyans Tiger a (mwen te menm achte kepi gòl Nike pou mete tankou Tiger). Te gen yon sèl pwoblèm: Tiger te antrene pandan plizyè èdtan chak jou, e li t'ap fè sa depi li te apèn mache.[48] Menm lè li te vin tounen meyè jwè gòlf nan mond lan, moun ki andedan yo di nou li toujou pratike pi di pase tout lòt moun. Mwen ka di mwen vle jwe gòlf tankou Tiger Woods, men sa pa vle di anyen amwenke angajman mwen pou pratike nan menm nivo ak dezi mwen. Gratifikasyon enstantane p'ap sifi. Kèlkeswa jan mwen swete sa ta diferan, jwèt gòlf mwen menm jan ak angajman mwen nan antrènman.

Kèk fwa moun ap di, «mwen vle menm jan ak Sè Entèl — Entèl. Li sanble tèlman pwòch Bondye. Mwen wè Jezi nan li. Li se yon sen.» Sa pa mal pou wè li tankou yon bon egzanp resanblans ak Kris epi chèche imite stildevi li, men sa ou ka pa konnen se kantite èdtan ak èdtan li pase sèl ak Seyè a nan meditasyon ak lapriyè — dekad li te pase nan nivo pratik espirityèl, pou li fòme nan sa ou wè kounyea. Li pa't rive kote li ye a nan livre tèt li nan gratifikasyon enstantane. Pratik espirityèl yo te fòme atitid ki sen nan li ki parèt kounyea tankou vèti. Li te kiltive fwi Lespri a, epi se pou sa lanmou, lajwa, lapè, pasyans, jantiyès, bonte, ak metriz pèsonèl sanble prezan evidaman.

Sentete se pa yon moman epi men li! — ou genyen vèti. Non: se sa nou transfòme an li a. «Konvèsyon se yon kado ak yon akonplisman.

---

48. Woods parèt nan yon pwogram televizyon ki koni nan laj de zan epi li montre pèfòmans li nan gòlf.

Se aksyon yon moman ak travay tout yon vi. »⁴⁹ Pasyans a lontèm se sa ki nesesè pou pakou lagras la. Nou dwe kiltive fwi a.

Li sanble jis pou nou konkli yon chapit sou lagras aktive Bondye a ak yon priyè pou pite ke sen yo te priye pandan plis pase yon milye lane:

> *Bondye Toupuisan, tout kè ouvè pou ou, ou konnen tout dezi, pa gen sekrè ki kache devan ou; netwaye panse nan kè nou pa enspirasyon Sentespri ou, pou nou ka renmen ou nan fason ki pafè, epi pou nou manifye sen Non ou diyman; nan Kris Seyè nou. Amèn.*⁵⁰

---

49. Jones, 281.
50. *Book of common prayer* (Cambridge: Cambridge University Press, n.d.), 97–98.

6
LAGRAS KI SIFI AN

Men, li te reponn mwen: « Se gras mwen sifi ou bezwen, paske pisans mwen san defo devan feblès. »
—2 Korent 12.9

Nou te kòmanse liv sa a nou di gras lan pèsonèl, nou fè eksperyans avèk li, e nou konnen l nan Jezikris ak nan zèv li fè ki manifeste nan Sentespri a menm. Jan Thomas Langford te fè remak la, nou pa konnen lagras nan yon bagay ki abstrè an prensip, « men nan kado reyèl Bondye nan listwa. »[1] Nan Jezi ak nan Sentespri a menm, nou jwenn prezans, renouvèlman lavi nou kòm lòm eksperimante atravè lagras ki chèche an, ki sove an, ki sanktifye an e ki pote soutyen an. Dènye ekspresyon lagras sa a nan Labib, pou mwen, se sa k gen plis mistè pami yo tout.

Èske nou janm mande tèt nou poukisa moun ki parèt gen yon lavi ki fasil yo ka parèt tèlman lwen Bondye, pandan lòt moun k ap travèse dlo ki pi fon yo epi ki nan gwo batay pèsonèl yo santi souvan yo pi pre Bondye? Lè nou fenk gade, de obsèvasyon sa yo sanble opoze. Li soti nan rezon ki fè konprann moun ki gen ti kal pwoblèm

---

1. Langford, 107.

yo ta ka pi kontan epi vironnen ak yon pi gran lapè pase moun ki ap sibi gwo soufrans yo, men se souvan kontrè a ki konn vre. Kòman nou ka esplike yon paradòks konsa ?

Lapriyè « Se pou volonte ou fèt sou tè a menm jan li fèt nan syèl la », se pou konfese se pa tout sa ki fèt sou tè a ki nan volonte Bondye. Nou pa bay Bondye responsab tout bagay ki pa bon yo. Chak fwa nou fè sa nou doute sou karaktè Bondye. Twazyèm kòmandman an defann nou pran non Bondye anven, sa ki gen mwens pou l wè ak madichon e plis pou l wè ak mal reprezante Bondye nan mond lan. Se yon bagay serye wi, lè nou bay Bondye pote chay tout sa ki mal ki fèt nan mond lan, oswa nou di tout sa ki sot nan Bondye tankou bagay ki mal. Toutfwa, nou ta dwe remake, menm si se pa tout sa ki rive ki nan volonte Bondye, poutan paske Papa nou gen tout pouvwa, epi gen lanmou, Bondye gen volonte nan tout bagay, sitou bagay ki gen rapò ak moun Bondye reklame kòm moun pa l yo epi ki rete nan prezans Kris la.

Pawòl Bondye fè nou sonje youn nan espesyalite Bondye se sove tout bagay, menm lè mal la fèt ak volonte. Jozèf di frè jalou li yo : « Nou te moute konplo pou fè m mal. Men Bondye fè sa tounen yon byen, pou l te fè sa k rive jodi a rive, pou l te ka sove lavi tout kantite moun sa yo » (Jenèz 50.20). Yon lòt fwa ankò, Pòl fè nou sonje, « Sèlman, nou konn sa byen : nan tout bagay, Bondye ap travay pou byen tout moun ki renmen l' yo, pou byen tout moun li te fè lide rele yo. » (Women 8.28). Jozèf pa t di Bondye te fè yon jan pou frè l yo te vann li tankou esklav nan peyi Lejip, li te di Bondye pa t ap kite vye lide yo te gen nan tèt yo an gen dènye mo a. Pòl pa t di Bondye fè yon jan pou vye bagay rive pèp li a ; li te di pito Bondye fidèl pou l travay nan tout bagay, ki bon oswa pa bon, pou l pran sa ki parèt fin detwi ak brize pou l rann li sen epi ansante. Pawòl Bondye esplike nou poukisa moun ki nan Kris yo ki nan pi gwo soufrans se yo menm tou ki konnen pi gwo lapè nan kè yo. Gen yon bagay ki pase nan lavi yon disip Jezi ki mete l apa nèt ki, nan cheminman lagras la, ap travèse moman difisil ak sitiyasyon k ap fè l egzijans. Yo fè esperyans ak lagras Bondye ki sifi a nan feblès yo pou soutni yo epi ba yo sa yo bezwen nan pi gwo konba yo .

Fòs ki vin rann ou san defo nan feblès la

Apot Pòl te pale sou lagras ki sifi a nan kontèks dezyèm lèt li te voye bay legliz premye syèk la nan lavil Korent. Dapre Pòl, katòz lane avan l te voye lèt sa a bay moun Korent yo, li te jwenn yon vizyon nan men Bondye kote li « te moute nan twazyèm syèl la » (2 Korent 12.2). Pifò moun ki etidye Bib yo pa kwè Pòl ki di gen plizyè nivo syèl, men li te dekri yon revelasyon ki depase kapasite moun nòmal ka wè epi li te kapab, sou enspirasyon Sentespri a, wè yon bagay ki pi wo pase domèn fizik la. Objektif li se te pou di yo, ak nou menm tou, li te kontre ak prezans Bondye, li te wè Kris la ki te leve soti nan lanmò a epi li pa janm menm moun nan ankò — sa te chanje lavi l.[2]

Yon eksperyans ki chaje eksitasyon konsa ka fè ou santi ou fyè epi gen yon djòlè espirityèl ki moute ou. Pòl te reyalize gwosè danje ki te devan l, pou l evite tonbe nan yon vanite ki souye, Pòl di ankò li te resevwa « yon pikan nan lachè li »(12.7). Ni orijin ni detay yo sou pikan sa a pa fin klè nèt. Nou pa konn si pwoblèm nan te fizik, nan emosyon l, oswa nan relasyon l.[3] Sa ki klè a se dèske li te tounen yon fado ki tèlman lou pou Pòl ki fè li kalifye l tankou 'yon mesaje satan ki vin boulvesè m » epi ki fè l sonje jan l frajil (12.7). Li plenyen nan pye Bondye pou li retire l, pou l retire feblès li an, epi konsa, li

---

2. Douglas Ward, Twazyèm syèl la, Vwa a: Resous biblik ak teyolojik pou Kretyen k ap grandi, 2018, https://www.crivoice.org/thirdheaven.html. Anpil save gen kòm pozisyon vizyon Pòl dekri nan 2 Korent lan se yon referans ak rankont sou Wout Damas lan ak Jezi ki resisite an.

3. Genyen ki menm fè ipotèz pou di pikan ki te nan kò Pòl lan te fizik: yon pwoblèm nan po, pwoblèm pouse nan vizyon oswa malkadi. Gen lòt ki sijere pikan an se te memwa pase li kòm pèsekitè legliz lan ak difikilte relasyon ki te vini apre ak kretyen juif yo.

ta sanble, fè l vin yon lidè ki pi fò e ki pi bon pou legliz la. Avan nou rantre nan zafè pikan an, sonje Pòl se te yon nèg vanyan. Li pa t fèb nan lavi espirityèl li. Yon lòt kote , Pòl bay detay sou jan l ap soufri kòm apot :

> Mwen travay pi di, yo mete m nan prizon pi souvan, yo tèlman bat mwen m pa ka konte, epi vire tounen m prèske mouri. Yo banm kou senk fwa ak trantnèf kout frèt Jwif yo, yo bat mwen twa fwa ak baton solda Women yo, yon fwa yo kalonnen m ak wòch. Bato chavire avè m twa fwa epi mwen te tonbe nan lanmè pandan yon nwit ak yon jou. Nan peryòd vwayaj difisil yo, mwen te blije vòltije larivyè yo, kouri dèyè vòlè, batay ak zanmi m yo, batay ak lènmi m yo. Mwen te andanje nan lavil la, mwen te andanje nan peyi an, yo mete m andanje nan solèy cho dezè an ak nan tanpèt sou lanmè, epi moun mwen te panse ki frè m yo te trayi m. Mwen konn travay di epi fè kòve, anpil nwit ki long epi pou kò m san m pa dòmi, m rate anpil manje, fredi kale m, toutouni nan move tan.[4]

San m pa site presyon ak kè sote konstan ki ap met pwoblèm nan legliz yo ak manm legliz k ap bay pil pwoblèm !

Reli lis zeprèv Pòl yo. Li pase tout bagay sa yo epi plis bagay toujou (m sonje koulèv te mòde l). Èske nou kwè vre Pòl pa t ni yon bèl ti flè frajil ni yon moun k ap plenyen ? Sa mennen nou konprann, nenpòt sa ki te ka pikan an, se pa t yon bagay konsa konsa li te ye pou Pòl. Pa mwens pase twa fwa Pòl ap revele, li te rele Bondye pou wete pikan an (yon fason biblik pou di : « se mande m t ap mande sèlman ». Pòl ap fè nou pran konsyans li te nan gwo danje. Li t ap pote yon chay ki t ap kraze l epi li te santi l ap glise anba chay la. Se pa t yon ti bagay sa te ye nan je Pòl, epi li t ap priye pou l geri. Seyè a te reponn priyè

---

4. Richard John Neuhaus, *Freedom for Ministry* (Grand Rapids: Eerdmans, 1979), 90.

li, men pa jan l t ap atann lan. Non Pòl, pikan an ap rete nan kò ou, men konnen sa : « Chak fwa, li reponn mwen : Se favè m sifi ou bezwen, paske lè ou fèb, se lè sa moun wè pouvwa mwen nan ou. » (2 Korent 12.9). Lè m avè w ou pi fò nan moman feblès ou yo pase lè ou nan moman ou santi ou fò yo san mwen. Fòs mwen vin san defo nan feblès ou.

Bra Bondye yo ap pote nou

Lagras ki sifi a se yon jan Seyè an di nou : « *Lè nou rive nan limit fòs nou, m ap ban nou fòs sinatirèl mwen an. Lè enèji nou fini, enèji pa m ap manifeste nan nou. Lè nou pa p ka ale pi lwen, m ap pran nou epi m ap pote nou. Fè yon repoze ou sou bra mwen yo yon moman* ».

Gen yon parabòl powetik modèn epi yo konnen byen ki rele : « Mak pye nan Sab la. »

> Yon nwit yon nonm te fè yon rèv. Li reve li t ap mache sou yon plaj ak Seyè a. Sèn sou lavi l t ap defile nan syèl la. Pou chak sèn li te wè de mak pye diferan ki t ap defile devan l, youn pou li epi lòt la pou Seyè a.
>
> Lè dènye sèn lavi l te defile devan l, li te vire gad dèyè pou l wè mak pye ki nan sab la. Li te remake, anpil fwa sou chimen lavi l, te Sèlman gen yon sèl mak pye. Li te remake tou se lè bagay yo te pi rèd ak pi tris nan lavi l.
>
> Sa te deranje l anpil, epi li te poze Seyè a kesyon sou sa. « Seyè, ou te di depi m fin deside swiv ou, ou t ap mache avè m sou tout wout la. Toutfwa, mwen remake se lè moman yo pi difisil nan lavi m nan, gen yon sèl seri mak pye. Mwen pa konprann poukisa, nan moman m pi bezwen w lan ou ta kite m »
>
> Seyè a reponn li : « Pitit mwen, mwen renmen ou, ou gen anpil valè pou mwen, epi mwen pa t ap janm kite ou. Nan moman zeprèv ou yo ak soufrans ou yo, lè ou te wè yon sèl seri mak pye a, se lè sa a m te pote ou. »

Si nou te ka imajine lagras k ap chèche an sou fòm imaj, sa t ap sanble ak yon gadò mouton k ap chache, yon papa k ap tann, yon ti bo ki leve ou nan dòmi. Si lagras ki sove a te yon imaj, li t ap sanble ak yon akolad, yon adopsyon, yon rekonsilyasyon. Si lagras ki sifi a te yon imaj, li t ap sanble ak yon moun Bondye ap pote sou bra li.

« Mak pye yo nan Sab la » plis pase yon parabòl —se istwa lavi reyèl mwen tande plizyè fwa. Depi lè m konnen m pastè, te gen moun nan kongregasyon m yo ki te konnen yon soufrans terib ak yon chagren ki te pwòch lanmò — genyen ki te tèlman grav mwen te konn mande m kòman yo fè gen fòs pou leve nan kabann yo nan maten; moun ki te rive nan bout fòs yo pou m reprann fraz Eugene Peterson lan « M te ka santi dezespwa yo nan zo m. »

Epi m te konn tande y ap di: « Pastè, m pa ka esplike l. Sa pa gen sans. Mwen konnen tout bagay sa yo ta dwe kraze m plat, men m santi m » — epi yo itilize menm mo sa yo — « tankou yo te pote m. Sa m pèdi a, maladi sa a, lanmò sa a, trayizon sa a fè m tris jouk nan fon kè m epi m te sipoze ap tonbe atè la , men gen yon lapè nan lespri m ak yon repo nan nanm mwen m pa ka esplike l. Sèl fason m ka dekri l se tankou Bondye fè m favè li kenbe m nan bra li ». Yon sèl mak pye: lagras ki sifi an.

Si gen yon bagay mwen te dekouvri nan soufrans, lagras ki sifi an ret yon bagay entèlektyèl jouk nou plis bezwen li. Nou ka konn yon bagay nan tèt nou epi pa janm konnen l nan kè nou. Pou ou vrèman eksperimante l, pou l soutni nou, pou l pote nou, nou pa ka defini l — sèl sa nou ka fè se pote l. Sa se lagras ki sifi an. Sa pa gen lontan mwen t ap pale ak yon zanmi m ki t ap di m: « M pa konn sa m t ap fè si m ta pèdi youn nan pitit mwen yo. Mwen pa t ap gen fòs pou m kontinye. »

Mwen reponn li: « Ou gen rezon. Ou pa gen fòs nan moman an paske ou pa nan sitiyasyon an. M swete ou pa janm ladann, men si sa ta rive, t ap gen lagras ki sifi an. »

Lagras ki « tou senpman sifi an »

Lagras ki sifi a se tout sa nou bezwen jodi a. Se yon kado chak jou ki « tou senpman sifi. » Se tankou lamann nan dezè a. Pèp Bondye a t ap vwayaje nan dezè a. Te gen yon ti kal manje pou manje, epi, sèl si Bondye ta fè provizyon, yo ta pral mouri grangou, epi Bondye fè yo yon kado. Li fè lapli pen tonbe nan syèl la. Chak maten, lè moun yo leve, li te atè a devan tant yo a, byen fre pou jou a. Yo pa t peye pou geyen l. Yo te la tankou yon kado Bondye te fè yo. Tout sa yo te gen pou yo fè, se te ranmase l epi prepare l. Sèl kondisyon an se te yo pa gen dwa sere l lakay yo. Yo pa t gen dwa mete patisri ki dous yo nan bwat konsèv epi sere yo pou jou sa difisil. Yo pa t ka kache lamann nan anba matla yo nan ka Bondye pa ta aji nan demen ; si yo te eseye, li t ap gate. Li tap fè vè ak pay epi li t ap tounen manje pou pèlen pwason. Li te annik sifi pou yo kwè Bondye ap founi yo tout sa yo te gen bezwen jodi a, epi kwè Bondye ap fè menm jan an demen. Mizerikòd li tou nèf chak maten.

Men ak sa lagras ki sifi a sanble. Li paka sere pou demen. Li sifi pou jodi a. Bondye ban nou tout sa nou bezwen jodi a, epi li bon. L ap sifi ankò pou demen. Li se gras « mwen se tout sa nou bezwen » an ki pote nou lè nou pa ka ale pi lwen. Sa pa etone m lè Pòl te deklare ak asirans : « Chak fwa, li reponn mwen : Se favè m ase ou bezwen. Paske lè ou fèb, se lè sa a moun wè pouvwa mwen nan ou. Se poutèt sa, nan fon kè m', mwen pito pale sou feblès mwen pou pouvwa Kris la ka mete m' anba zèl li. Se sa k fè tou mwen kontan anpil lè m' santi m' fèb, lè y'ap joure m', lè m' nan lafliksyon, lè m' anba pèsekisyon, lè m' nan difikilte, lè m'ap sibi tou sa akòz Kris la. Paske lè m' fèb, se lè sa a mwen gen fòs. (2 Korent 12.9-10).

Gras ki pèsevere an

Sa gen kèk lane, yon pastè nan Pennsilvani te wè yon nonm apre legliz lan ki gen yon zepeng bouldòg sou bò vès li a. Li pa t konnen si nonm nan t ap travay nan yon antrepiz kamyon ki gen yon logo bouldòg, li nayivman mande : « Sa bouldòg sa a vle di » ?

Ak yon siy ak je l, nèg lan reponn li ak malis : « Ebyen, pastè, bouldòg la vle di janm tenas pou m kenbe Jezikris ak tout fòs ».

Pastè a te reponn : « Se yon bèl senbòl men yon move teyoloji ». Nonm lan te sezi, li te mande : « Sa ou vle di la » ?

Pastè a te obsève l pou l di l : « Li pa ta dwe janm senbolize jan ou tenas pou kenbe Jezikris ak tout fòs ou ». « Li ta dwe senbolize jan Jezi kenbe ou ak tout fòs ».

Konfyans nan Bondye nan moman difisil yo se pa yon kesyon fòs ou oswa lafwa pa ou. Konfyans nan Bondye nan moman ki pi nwa yo se anreyalite yon kesyon fòs Bondye. Nenpòt sa nou jwenn sou wout la, gras Bondye a sifi pou soutni nou, epi lanmou li fò ase pou wete nou nan sa. Sonje « tout sa k rive » nan lavi vle di Jezi kenbe nou nèt tankou yon bouldòg epi li pa p janm kite nou ale.

Yon fanm nan yon legliz mwen te pastè sibitman tonbe malad. Doktè yo fè l pase yon seri egzamen pou yo wè sa k ap pase a. Yo dekouvri li ap soufri ak yon maladi ra ki provoke reyaksyon alèjik grav ak tout manje l ap manje yo. Maladi a vin pi grav, menm ka touye l. Pandan tan sa a, yo voye mari l Afganistan pou l sèvi lame a. Yo finalman mete l lopital epi yo fè l pase yon tès medikal ki t ap plonje l nan yon reyaksyon alèjik vyolan ki t ap anpeche l respire pandan yon ti tan, selon sa yo di. Pa gen moun ki t ap anvizaje yon reyaksyon alèjik konsa, sitou lè nou konnen l ap al fèt. Li te di m : « Pastè, m te pè anpil, m te manke panike. M te kouche sou yon kabann lopital la, m t ap pran pitye pou tèt mwen pou sa m t ap al sibi a, epi m t ap mande poukisa tout bagay sa yo ap rive m. Met sou sa, m te boulvèse paske mari m te lwen nan nenpòt plizyè milye kilomèt yo. M te pè epi m te santi m pou kò m nèt ».

Lè tès la te rive. Li te tèlman pè : « M konnen kounya a ki sa sa vle di 'pè anpil anpil'. Mwen literalman pa t ka bouje epi mwen pa t menm ka priye. Jamè anvan m pa t janm pa ka priye. Sèl priyè m te ka fè se te : 'Bondye ede m tanpri' »

Li te vire gad mis lan ki ta pral pase l tès la epi li te mande l: « Èske ou se kretyen » ?

Mis la te reponn : « Wi, m se kretyen ».

« Ou ka priye pou mwen » ?

Mis la te reponn san ezitasyon : « Mèwi », epi li fè yon priyè tou senp pou rekonfòte l ak geri l.

Apresa, zanmi m nan te di m : « Lè l t ap priye a, mwen te gen yon lapè m pa ka kwè. Se te kòmsi Bondye te mete men l yo sou mwen epi leve m nan prezans li » (wi, li te itilize fraz sa a). « Mwen te konnen Bondye te la avèk mwen, epi sibitman pè a te disparèt ».

Yo te fè l pase tès la, epi li pa t gen reyaksyon vyolan, sa te fè tout moun sezi. 'Pastè, mwen te sibitman santi yon sous lajwa k ap pete anndan m. Se te yon lajwa k ap debòde. Si m te ka danse nan sal la, m tap fè l ! »

Nan moman sa a menm, mis li an te retire jilè antiradyasyon ki te sou li a, epi te gen yon gwo kwa ki t ap souke, ki te pandye nan kou li.

Kounya avèk dlo nan je, zanmi m nan te di m : « Se lè sa a m wè Bondye te toujou avè m, men mwen pa t janm wè sa. Mwen pa t ka santi prezans li men li te la. Li te la depi nan kòmansman. Malgre mari m te Afganistan, mwen te toujou madanm Kris lan. Jezi te mari m nan moman sa a, li te kanpe bò kote m epi li t ap pote m. »

Sou wout lagras la, gras Bondye ki sifi a kenbe nou di nan plizyè fason diferan, men youn nan yo ki pi enpòtan se nan kò Kris la. Nou pa ta dwe sezi lè nou te priye pou Bondye te revele l nan doulè nou, li te vini sou fòm yon kat oswa nan yon apèl telefòn yon moun nan legliz ou ba ou pou l di ou : « Mwen renmen ou. M ap priye pou ou. Seyè a avèk ou. » Nou rantre pafwa nan kominote legliz la ak bagay ki sanble yon fado nou pa ka sipòte, epi yon frè oswa yon sè nan Kris sere nou nan bra l epi di nou : « Nan jou sa yo ou okipe panse m anpil.

Mwen vle fè ou konnen nou renmen ou epi nou toujou ap priye pou ou. » Epi, pi gwo mirak lan, prezans fizik Jezi antoure nou, prèske tankou li t ap kenbe nou di nan moman sa a ak tenasite yon bouldòg, k ap transpòte nou nan moman difisil nan vi nou.

Lè youn nan tifi m yo te piti, li te pè fè nwa. Mwen ak madanm mwen te mete l nan chanm li epi nou di l : « Piga ou pè. Jezi la avèk nou. »

Li te reponn : « Dakò, manman ak papa. M pa p pè ankò », men nou pa t tann lontan pou n te tande pòt chanm nou an k ap frape. « Maman ak papa, mwen konnen Jezi la avè m men m bezwen yon moun ki sanble nou. »

Li te gen rezon. Pafwa, nou bezwen yon moun ki sanble nou. Se sa kò Kris la ye — kominote ketyen an se Jezi ak po sou li. Atravè kò cho moun yo, ki plen ak konpasyon san limit epi ak lanmou k ap dire a, Bondye anbrase nou epi li soutni nou.

Andirans, karaktè ak lespwa

Doulè ak soufrans se de bagay nou vle jeneralman evite. Pa gen anyen mal nan sa lè ou vle alèz epi ansante. Men nou konnen tou nou ka jwenn lajwa ak menm lespwa, nan sezon ki gen doulè ak lapenn yo, paske nou konnen fòs Jezi a ap manifeste nan feblès nou. Nan yon lòt lèt bay kretyen premye syèk yo k ap viv nan Wòm Pòl te di : « Nou pa manke kontan menm lè n'ap soufri. Poukisa ? Paske nou konnen lè n'ap soufri sa fè nou gen pasyans. Lè nou gen pasyans konsa, sa ban nou kouraj pou nou soufri. Plis nou gen kouraj, se plis nou gen lespwa. Lespwa sa a p'ap janm twonpe nou, paske Bondye te fè nou wè jan l' renmen nou lè li ban nou Sentespri li. » (Wòm 5.3-5). Yon lòt fwa ankò, Pòl fè referans ak bon kalite epi ak fòmasyon karaktè ki ap fè nou sanble ak Kris la.

Dabò, soufrans bay andirans. Pwoblèm, presyon ak zeprèv yo pa yon aksidan aza ki pa gen okenn konsekans sou objektif final (telos) nou an ki se sanble ak Kris. Nan lang orijinal Nouvo Testaman an, « andirans » se mo « *hypomone* », ki vle di kanpe djanm, nenpòt sa k rive, menm lè presyon lavi a plonje sou nou. Difikilte yo bay andirans, epi andirans se kalite ki di : « Mwen pa p bay vag nenpòt jan sa ye. » Li tankou lè ou ap kouri sou yon long distans. Janm ou yo lou, poumon ou yo ap kriye pou yo respire, kè ou gen enpresyon li ka eksploze nan pwatrin ou, epi ou vle bay vag vre. Men, ou konnen ou dwe kontinye kouri paske, nan moman menm ou vle rete a, ou ap benefisye pi bon mizanfòm nan fizik ou. Sa se *hypomone*—andirans sou presyon. Nou ka fè kè nou kontan pou pwoblèm ak zeprèv nou yo paske nou konnen presyon nou yo, epi menm soufrans lavi a bay andirans ak pèseverans.

Dezyèman, andirans bay karaktè. Mo grèk *dokime* orijinèlman fè referans ak yon metal yo rafine epi yo retire tout sa k pa bon yo ladann. Pwoblèm yo ak zeprèv yo bay fòs nan karaktè. Nan tout nivo ki nan sosyete a, karaktè jodi a nesesè nan yon fason dezespere. Richad John Neuhaus ensiste sou pwen sa : « Lè ou se yon nouvo moun nan Kris se yon kado Bondye san defo ; konstwi karaktè se aktyalize kado sa a. Se yon pwosesis pou travay pou vin sa, nan Kris la, nou ye deja. Li egzije pou nou respekte eksperyans chak jou yo, aspè chak jou yo, nan pèlerinaj kretyen an. »[5] Neuhaus fini pou l di kategorikman : « Karaktè a enplike kouraj epi gras pou viv bon lavi a nan yon mond kote bezwen yo pa janm ka satisfè vre. » Yo pa konn bay moun fòs nan karaktè li. Lè ou wè ou ka reziste ak zeprèv lavi a, sa bay andirans, lè ou fè l vin jan pou l ye a, li bay entegrite ak pwofondè nan karaktè ou.

Twazyèman, fòs karaktè a bay lespwa. Lespwa, se lè nou rete kalm paske ou kwè vre Bondye avèk nou. Lespwa, se lè ou ap tann ak konfyans, nenpòt sa demen ta pote, konpay sou cheminman lagras nou an gen demen an nan men l. Pwoblèm santral epòk nou an se pa

---

5. Neuhaus, *Freedom for Ministry*, 88.

twòp strès men twò ti kal lespwa. Vreman vre, Tomas Langford di l byen : « Lespwa a pa remèt li bay demen ; lespwa refasonnen jan moun konprann pase a epi li detèmine lavi nan moman prezan an. N ap viv transfòme nan lespwa epi ak lespwa. »[6]

Yon ilistrasyon ka ede nou mete limyè sou sityasyon an.[7] Imajine yon chanm ki ranpli ak elèv segondè. Ou vire tèt ou pou gad moun agoch la epi ou mande l : « Kòman ou ye nan dènye ane segondè a ? »

Elèv la reponn : « Mwen pa fin twò byen. Mwen pa pase plizyè kou, epi si m pa pase youn ankò la a, mwen pa p diplome. Mwen oblije double dènye ane a ».

Ou mande l ankò : « Kisa ou wè nan demen ou ? »

« Ebyen, mwen espere pran diplòm lan nan mwa me a, epi m pral eseye antre nan fakilte nan sezon otòn lan. »

Apresa, ou vire sou elèv adwat la epi ou poze l menm kesyon an. « Kòman ou ye nan dènye ane sa a ? »

Li di : « M ap byen degaje m wi. »

« Ou ap reflechi sou ale nan inivèsite ? »

« Totalman ! Yo deja aksepte m nan inivèsite Harvard. M ap tann nouvèl Princeton, Stanford ak MIT, men mwen gen bon lespwa. »

« Ou dwe san dout yon bon elèv. Ou ka di m ki plas ou nan klas segondè w la ? »

« Sou sis san elèv, mwen dezyèm nan klas la, ak yon mwayèn 4.3 pwen. »

« Waw ! Sa enpresyone m ! Ou ka di m kòman ou te reyisi SAT ou an ? »

« Mwen t fè 780 nan matematik epi 760 nan lang pou yon total 1540. » (800 se yon nòt san fot nan chak kategori.)

---

6. Langford, 107.

7. Mwen te tande ilistrasyon sa a nan yon prèch reveran Dr Thomas Tewll te preche nan lane 1990, ki gen pou tit « Tenasite yon bouldòg »

Ou di l pou pase l nan rizib : « Li manke bon menm jan avè m lè m te fè SAT m nan. » « Kisa ou wè nan demen ou ? »

« Ebyen, mwen espere pran diplòm mwen nan mwa me an epi apresa m pral nan youn nan inivèsite sa yo pou m ka vin yon chèchè syantifik. »

Ou panse : « ou espere diplome » ? Jèn fanm sa a reyisi ! Sa a pa menm yon kesyon.

Eske ou wè diferans lan ? Premye elèv la te gen lespwa depase tout esperans ; dezyèm lan te espere avèk yon sèten konfyans sa l ap di a ap rive vre. Yon lespwa konsa pa repòte pou demen. Li refasonnen jan nou konprann pase a epi li detèmine lavi a nan moman prezan an. Pafwa moun konn ap di : « Mwen espere Bondye renmen m. Mwen espere Bondye pa p vire do ban mwen. Mwen espere Bondye ap soutni m epi ban m fòs nan moman fènwa mwen yo. » Esperans kretyen an chita sou lanmou pase, prezan ak lavni lakwa Jezikris la epi sou pisans rezireksyon l lan ki bay lavi a. Esperans sa a pa fè nou wont (Women 5.5) nou sou gwo anpriz lagras Bondye ki sifi a. Li kenbe nou di ak tenasite yon bouldòg.

Nan men ou, mwen remèt lespri mwen

Se pa yon aza si mwen ekri yon chapit pandan pandemi COVID-19 la, yon peryòd kote gen yon kokennchenn ensètitid ak gwo gwo soufrans. Samdi Sen, nan lavèy Pak la, dwe yon moman pou n reflechi trankil sou lanmò Jezi epi sonje tan l te pase nan fènwa tonbo an. Youn nan tèks Leksyonè yo pou jounen an, Sòm 31, gen ladann pawòl Jezi te pwononse yo sou lakwa avan l te mouri : « Papa, m ap remèt lespri mwen nan men ou » (Lik 23.46). Jezi te site sòm 35.5 dirèkteman, li te sèlman ajoute mo Abba a (« Papa ») nan priyè l la.

Pami plizyè bagay pou aprann nan priyè Jezi a, sa k frape m nan dezè COVID-19 la sèke gen yon gwo diferans ant lè yo pran lavi ou ak lè ou bay lavi ou. Jezi te byen esplike nan Levanjil Jan : « Pèsonn pa ka wete lavi m', se mwen menm ki bay li paske mwen vle » (10.18). Li bay lavi l san retisans epi ak tout volonte l. Lanmò Jezi sou lakwa pa t yon lafen trajik ak yon lavi ki pwomèt anpil bagay, oswa desepsyon yon misyon ki rate, se te plan Bondye depi nan kòmansman. Lakwa se te plan kosmik Bondye pou sove nou anba fènwa ak anpriz lanmò prensipote ak pouvwa yo. Konsa, yo pa t enpoze Jezi fè sakrifis — Li te anbrase l ak tout volonte l pou nou. Li te konnen li te nan men Bondye, e sa k fè l te ka di: «Mwen bay lavi m pou m ka repran li ankò» (10.17).

Sa ta dwe ensite nou mande: èske se bay nou bay lavi nou oswa pran yo pran l? Gen yon gwo diferans ant de sa yo, prensipalman sa k gen rapò ak konfyans. «Papa, mwen remèt lespri mwen nan men ou» vle di nou gen konfyans nou bay lavi nou pou yon bagay ki pi gran epi ki pi bèl pase sa nou pa p janm ka akonpli san papa nou ki nan syèl la. Akoz Jezi te fè priyè sa a nan moman san dout ki te pi difisil nan vi l montre nou li te konn fè priyè sa a depi lontan—sitou priyè agoni li yo li te fè nan jaden Jetsemane an. «Nan men ou» se yon priyè kote ou lage ou totalman paske, nan fon priyè a, se yon deklarasyon kote nou wete tèt nou nan men lòt moun ak sikonstans yo — ansanm ak plan nou yo epi objektif nou yo — epi nou mete ak tout volonte nou lavi nou nan men Bondye. Nan yon sans pisan, li redefini epi imajine ankò eksperyans lavi nou tankou se swa li kite bagay yo rive nou, oswa li mete nou anba pwoteksyon Bondye pou gide pa nou yo. Youn gen rapò ak lè yo pran bagay ou— lòt la gen rapò ak lè se ou ki depoze l. Li ka yon bagay ou pèdi oubyen yon bagay ou bay.

Jezi fè nou dekouvri pouvwa sakrifis la ki ka choke nou. Li montre lè nou lage nou bay Bondye, nou ka transfòme yon bagay ki sanble yon pèt pou tout mond lan pou l tounen yon bagay tout mond lan jwenn. Lè Frederick Buechner di: «Lè ou sakrifye yon bagay, ou fè l vin espesyal lè ou bay li ak lanmou», li vle di menm si yon moun ta eseye pran l ak fòs, menm si nou ta wè nou pèdi kontwòl la, nou ka toujou deside kòman nou ka kite l ale.[8] Nou ka toujou louvri men nou nan dènye moman an epi bay sa lòt moun te panse yo te pran pou nou epi sa sikonstans yo te ap sanble vòlò pou nou an. Nou ka fè l vin espesyal lè nou fè l ak lanmou, lè nou lage l bay Bondye.

Nan eksperyans sireyalis pandemi COVID-19 la, Pandan jou yo t ap moute pou vin semèn, li te fasil pou nou santi kòmsi gen yon bagay yo te pran pou nou. Nou te pè anpil, enève, ensèten, epi nou te soti nan zòn nou te alèz la. Nou te dwe fè yon chwa. Nou te ka jwe wòl viktim nan epi di: « Yo pran afè nou », oubyen nou lage l nan men Bondye epi di: « Papa nan men ou, mwen remèt lespri mwen. » Nou lage nou sou kont plan ak objektif ou yo. Lavi nou pa pou nou ankò. Nou lage yo paske se pou ou nou ye epi nou lage yo ak lanmou pou ka fè yo vin sen. » Sa mande yon sèten konfyans bò kote nou, men rekonpans la se lapè total lè nou konnen lavi nou glorifye Bondye, lavi nou pa aksidan pa aza oswa echèk k ap enève nou men jou nou yo nan men Bondye. Vreman vre, menm nan soufrans nou, li kenbe nou nan bra li. Menm yon pandemi mondyal pa ka bay sans ni objektif ak lavi nou. Pèsonn pa ka pran lavi nou — se nou ki bay li. Se reyalite lespwa nou.

Lagras ki gen nan lamantasyon

Lagras ki sifi a pa elimine tout dout nou yo ak krent nou yo. Li enposib pou ou kontoune l: menm lè ou gen lespwa, gen plas pou kesyon yo. Li posib pou gen lafwa menm lè gen plis kesyon pase repons. Li posib pou fè dèy ou epi pou gen lespwa an menm tan. Non sèlman li posib, men li ekri nan Bib la. Nou rele sa a lamantasyon. Nan 150 sòm yo ki nan liv lapriyè nou rele Sotye a, gen diferan varyete sòm, tankou remèsiman, pou wa, asansyon, lamantasyon ak menm enprekasyon (lapriyè nou fè lè nou enève). Sòm yo ban nou

---
8. Frederick Buechner, 10.

plizyè egzanp, antanke Pawòl Bondye enspire, jan pou nou priye nan tout sitiyasyon lavi.

Sòm pou remèsiman (*Hallel* — kote nou jwenn mo «alelouya») se priyè pou lwanj nou ofri lè lavi nou byen nan lòd epi lè nou santi prezans Bondye toupre nou. Sòm lamantasyon yo menm, se priyè nou adrese bay Bondye lè nou nan doulè, lè lavi a di epi enstab, san nou pa wè lè l ap fini. De prensipal kesyon lamantasyon a soulve se: «Poukisa sa rive menm?» epi «Konbyen tan sa ap dire menm?» Non sèlman Bondye pèmèt mòd kesyon sa yo, men li enteresan tou pou note 70 pousan nan sòm Labib yo se lapriyè doulè, se pa lapriyè pou bay Bondye lwanj — lamantasyon, se pa *hallel*. Jezi li menm te fè priye lamantasyon (Sòm 22) pandan l ap soufri sou lakwa a.

Karakteristik lamantasyon an pa dout men yon konfyans ki gen rasin li byen fon nan fidelite Bondye. Si lamantasyon ka kòmanse tankou yon kri dezespwa, karakteristik ki pi enpòtan li se konfyans pwofon li nan nati li, karaktè l epi pisans Bondye ki prezan, k ap patisipe epi atantif ak tenèb yo, ak feblès epi ak soufrans lavi a. Lamantasyon an se yon depandans total ak yon abandon total nan men Bondye ki ka sanble lwen men ki pa janm absan.

Mwen gen yon zanmi ki te fè dyagnostik ak yon fòm kansè ki ra. Paske maladi a ra, doktè yo eseye divès fòm terapi, plizyè nan yo se eksperyans. Malerezman, malgre pi bon swen li te pran ak syans ki te disponib pou li, kansè a kontinye pwopaje nan kò li. Yon jou, apre yon vye rapò, madanm li te pibliye sou Facebook: «Pandan posibilite medikal yo t ap diminye, reyalite prezans Bondye a t ap ogmante.» Mwen pa konnen yon pi bèl ekspresyon lamantasyon ak lespwa ki jis nan lagras Bondye ki sifi a.

Nou pi fò nan moman nou santi nou pi fèb yo lè Seyè a ak nou pase nan moman lè nou santi nou pi fò yo san li. Nou gen asirans pou cheminman lagras la: fòs li manifeste nèt nan feblès nou. Se yon eksperyans ki pa p fè nou wont. Nou ap kite Pyè di dènye mo a sou lagras ki sifi a : « Men, apre n'a fin soufri yon ti tan, Bondye li menm va rann nou bon nèt, l a kenbe nou fèm, l a ban nou fòs, l'ap fè nou kanpe san brennen. Paske Bondye bay tout kalite gras. Se li menm ki te rele nou, granmesi Kris la, pou n te patisipe nan pouvwa li ki p'ap janm fini ». (1 Pyè 5.10).

KONKLIZYON
JEZI KRIS SE SEYÈ A

Yon lavi ki totalman konsakre bay Bondye gen plis valè pou Bondye pase san lavi Lespri l sèlman te reveye.
—Oswald Chambers

Anpil bagay chanje nan san dènye lane sa yo. Imajine ou te fèt nan lane 1920 epi ou toujou vivan nan lane 2020 an. Nan yon sèl syèk, kontèks kiltirèl nan tout rejyon mond lan soti nan endistri pou pase nan enfòmasyon (Gutenberg pou rive nan Google), soti nan andeyò pou vin lavil, epi soti nan refleksyon modèn pou al nan refleksyon pòsmodèn. Sa yo se chanjman kiltirèl tektonik ki pa chanje pandan senksan dènye lane sa yo. Sa ki te yon anviwonman k ap chanje, san kanpe (sa ki devlope nan sa k ale anvan an epi nou ka atann, antisipe epi jere yo) pandan yon demi — milenè rapidman pou pase nan yon sitiyasyon k ap chanje rapid epi ki pa kontinye ki te pote pètibasyon epi nou pa t prevwa.[1] Pifò nan nou sou teren nou pa konnen.

Chanjman sa yo ki ap ebranle fondasyon yo pwodui nouvo sitiyasyon ki defye ansyen presipoze yo sou jan mond lan ap fonksyone. Kòm konsekans, eklezyoloji (nati ak estrikti legliz la) epi misyoloji

---

1. Alan J. Roxburgh, *The missional leader* (San Francisco: Josey Bass, 2006), 7.

(kòman legliz la angaje l nan misyon Bondye a) vin, suivan nesesite an, adapte anpil san pa gen konpwomi. Toutfwa, nan respè enpòtan, sa ki rete menm jan nan epòk chanjman rapid epi k ap sispann sa a, se prensip etènèl ki fè konnen Jezi se Chemen an, Verite a ak Lavi a — oswa, nan tèm premye konfesyon kretyen an : « Jezikris se Seyè a. »

Moun nou konsidere pou « Seyè » a se yon baz esansyèl pou cheminman lagras la. Si nou di : « [RANPLI ESPAS VID LAN] se Seyè a » (kèlkeswa lòt moun, yon lòt bagay li ta ka ye a), sa chanje tout istwa a, ansanm ak objektif final lan epi rezilta final la. Men si nou kwè vre Jezikris se Seyè a, li òdone pou Letènite, gen yon sèl repons lejitim : apostola. Richard John Neuhaus fè nou sonje Senyèri a se « non sèlman yon afimasyon reyalite an, men yon gaj alejans pèsonèl ak kominote an. »[2] Paske Jezikris se Seyè, nou vle vin menm jan avè l. Sa se definisyon apostola kretyen an epi se toujou fason sa a Jezi antre nan legliz li a.

Dallas Willard prezante agiman konvenkan ki fè konnen Nouvo Testaman an se yon koleksyon liv sou disip yo, disip yo ekri, pou disip Jezikris yo.[3] Konsa, objektif lavi apostola a pa reyalizasyon tèt ou (« Mwen dwe jwenn vrè mwen menm nan epi sa k pi bon pou mwen ») oswa reziyasyon ak fòs detèminis la (« m pa ka fè anyen ; se konsa mwen ye. »). Anfèt, nan pèspektiv kretyen an, fidèl ak tèt ou se fidèl ak moun Bondye Papa a rele nou pou nou ye a, refèt nan imaj Pitit Gason li a. Swiv Jezi epi vin menm jan ak li se objektif cheminman lagras ki pa gen eskiz la. Evanjelis Jan pale anpil pou di nou Jezi sanble ak Papa l epi li aji menm jan avè l : « Moun ki wè m', li wè Papa a. » (14.9), Epi Jezi se Pawòl ki tounen moun lan epi, kòm li sot nan Papa l, li plen ak lagras epi verite (1.14). Kiyès Jezi ye ak sa

---

2. Neuhaus, Freedom for Ministry, 98.
3. Dallas Willard, The Great Omission, 3. Willardap raple nou mo « disip » lan parèt 269 fwa nan Nouvo Testaman, pandan yo jwenn « kretyen » twa fwa epi se te pou dezinye presizeman disip Jezi yo nan Antyòch (gade Travay 11.26).

Jezi fè se de bò yon menm meday, yon reyalite ki soulve pwen enpòtan pou nati lavi apostola nou an.

Kontrèman ak panse popilè a, Bondye pa yon granmoun santimantal avèk yon long bab blanch ki ap souke men l avèk mepri epi k ap di : « Nenpòt sa yo fè a, mwen vle timoun yo pran plezi yo epi pase yon bon tan. » Bondye non plis pa yon Papa ki di, sevè, ki kouwouse, ki pa ka tann pitit li yo fè tenten pou l montre yo kòlè li epi pini yo. Premye an se lagras san verite a — yon endiljans dous san dife sentete an, ki mennen nou nan yon pèmisivite nou pa ka esplike. Dezyèm nan se verite a san lagras — yon relijyozite san pitye ki mennen nou nan legalis rijid avèk yon ti kal lanmou. Wi, li pa fasil pou kenbe ekilib ant lagras ak laverite a, men yo dwe mete yo sou tansyon pou nesesite ak entegrite lanmou sen an.

Fondamantalman, gen anpil moun legliz nou yo ki se kretyen sou non men yo pa disip Jezikris ki se Seyè a, se gwo pwoblèm legliz lan jodi a. Pou lavi apostola konsakre sa a (yon lavi aprantisaj lavi nan wayòm Bondye a tankou Jezi te fè l) vin fakiltatif sof pou sa k pi radikal yo nan mitan nou se yon dezas — non sèlman paske li pousuiv ak lide Jezi ka Sovè ou san li pa Seyè ou men, petèt pi enpòtan ankò, paske li sipoze lagras lan bay pou yo aksepte nou jan nou ye an men pa gen okenn konsekans sou sa nou tounen.

Obsèvasyon C. S. Lewis sou « Kretyen an pa panse Bondye ap renmen nou paske nou bon men Bondye ap fè nou vin bon paske li renmen nou » se yon fason senp pou di Bondye renmen nou jan nou ye a men li renmen nou twòp pou l kite nou la. Lanmou Bondye se yon lanmou sen, se sa k fè moun nou dwe tounen a enpòtan pou Bondye. Lanmou sen an plen lagras ak verite. Lanmou sen an gaye lagras ki bon mache an. Lanmou sen an tounen kondisyon ak mwayen pou apostola. Lanmou sen an egzije nou pran kwa nou epi pou nou swiv Jezi.

Si pote kwa nou sanble yon mesaj difisil pou epòk nou an, anvizaje lòt posiblite sa a eben: viv pou ou yon egzistans ki anemik epi ki san gou: relijyon san relasyon. Mwen pa t ka chape anba kòmantè Dallas Willard yo sou pri « non — apostola » (pawòl li):

> Pri non — apostola pi wo lontan … pase pri nou peye pou mache ak Jezi a. … Non — apostola a koute yon lapè k ap dire, yon lavi ki penetre ak lanmou, yon lafwa ki wè tout bagay parapò ak gouvènans sa k primòdyal pou Bondye yo pou fè byen, yon esperans ki ap kenbe fèm nan sikonstans ki pi dekourajan yo, pouvwa pou fè sa k bon an epi reziste ak fòs mal la. Nou ka di byen vit, non — apostola a koute nou egzakteman abondans lavi Jezi te di li vin pote a (Jan 10.10). Jouk la ki gen fòm kwa Kris la se apre tou yon enstriman liberasyon ak pisans pou moun k ap viv ak li epi ki aprann dousè epi desann kè ou tou piti ki pote repo nan nanm nan.[4]

Apostola se yon cheminman lagras ki kòmanse epi fini ak Jezi, ki se Chemen an, Verite a ak Lavi a. Objektif apostola a se swiv Jezi pandan n ap vin, anba lagras la, sanble avè l pi plis toujou. Lagras lan inisye epi soutni cheminman an , men li aktyalize lè nou kowopere byen lib ak Jezi kòm Seyè.

Kretyen yo pran nesans; yo rann moun yo disip. Resanblans ak Kris la se destine nou.

---

4. Dallas Willard, *The Great Omission*, 8.

www.ingramcontent.com/pod-product-compliance
Lightning Source LLC
Chambersburg PA
CBHW031446040426
42444CB00007B/997